三橋美智也

戦後歌謡に見る昭和の世相

荻野 広

アルファベータブックス

「三橋美智也」戦後歌謡に見る昭和の世相＊目次

はじめに　6

第一章　**天才民謡歌手から歌謡曲デビューへ**　13

天才民謡歌手の誕生　13

巡業生活から上京、網島温泉・東京園へ　15

念願のデビューへ　19

第二章　**歌謡界の王者への道**　24

昭和三〇年　人気歌手・三橋美智也の誕生　24

昭和三一年　三橋美智也ブームの到来　30

昭和三二年　三橋ブームは続く　37

昭和三三年　ヒットはまだまだ続く　47

昭和三四年　歌謡界の王者として君臨　55
昭和三五年・三六年　人気の頂点から円熟期へ　62
昭和三七年・三八年　レコード大賞最優秀歌唱賞受賞　73

第三章　戦後歌謡の流れ・特徴　86

戦後のヒット曲　86
歌詞から読み解く戦後歌謡の特徴　99
①　曲の明るさ、多く使われた「夢」「花」「涙」　99
②　「山」「丘」などの自然への思い　101
③　色では「青」と「赤」が人気　102
④　使われなかった「愛」「ふるさと」　104
⑤　歌われた地名　105
人気歌手から読み解く戦後ヒット曲の特徴　105
①　戦前・戦時中に活躍した歌手の復活　105
②　新旧交代の流れ　107

③ 歌手の大半が音楽学校出身 109

第四章 三橋美智也の魅力・特徴 112

三橋美智也の曲の変遷 112
歌詞で読み解く曲の特徴 121
① 多く使われた「ああ・あゝ」「民謡の合いの手」「泣く」「涙」 121
② 「故郷」を表す「山」「海」 123
③ 歌われた色と地名 124
ジャンル別にみたヒット曲の特徴 125
① ふるさと歌謡 125
② 歴史歌謡、股旅・任侠もの 131
③ リズム歌謡・都会調の歌 134
④ マドロス歌謡 138
⑤ 別れ歌（恋愛・初恋） 140
⑥ 民謡・新民謡 143

⑦ まとめ 146

第五章 昭和三九年以降の三橋美智也 148

三九年から四一年 二度の歌手生命の危機 148
四二年から四九年 人気復活から紅白復帰まで 158
五〇年から平成八年 歌謡生活四〇年、そして突然の死 166

おわりに 172
① ミリオンセラー 172
② 紅白歌合戦の出場 175
③ 表彰 176
④ カラオケ人気曲 177

あとがき 185
参考文献 187
三橋美智也シングルレコード発売年表 189

はじめに

平成八年一月八日の夕刊に、次のような見出しが躍った。

「リンゴ村から」「哀愁列車」三橋美智也さん死去（読売・朝日・毎日の各日刊紙）

「哀愁列車」民謡ブーム起こす　三橋美智也さん死去（日本経済新聞）

各紙が、昭和歌謡黄金時代を代表する大歌手の訃報を、一面に写真入りで一斉に報じたのである。むろんこの四紙だけではなく、翌九日の日刊紙、スポーツ紙がこぞって取り上げている。少し長くなるが、朝日新聞の八日夕刊の十一面に「郷愁の美声ついに戻らず　民謡ベース、次々ヒット」の見出しで掲載された記事を見てみよう。

三橋美智也さんが八日、六五歳で亡くなった。故郷や別離を、独特の美声で歌って半世紀近く。昨年一〇月二六日に倒れたまま、意識はついに戻らなかった。

五歳ごろから母親に民謡を習い、小学校卒業後は三味線の修行も積んだ。一九五四年に、新民謡の「酒の苦さよ」で本格レコードデビュー。三〇万枚を売った最初のヒット曲「おんな船頭唄」（五五年）など、当初は民謡の節回しをベースにした曲を得意とした。

その後も「あの娘が泣いてる波止場」「リンゴ村から」「哀愁列車」「お花ちゃん」「一本刀土俵入」「夕焼とんび」「赤い夕陽の故郷」「古城」「達者でな《ママ》」などのヒット曲を、次々に飛ばした。農村から大都会へと、後の高度経済成長につながった膨大な人の流れを背景に、離れた肉親・恋人への思いや郷愁を歌い、人々の心をつかんだ。

デビュー八年で約四〇のヒット曲を生み出し、一千万枚のレコードを売り上げた。八三年には初の「一億枚歌手」になった。

一方、「現代の大衆が歌える新しい感覚を」と、旧態依然の民謡界に疑問を投げ、「日本民謡青年新志会」を作り、民謡と流行歌の融合の先頭に立った。

七〇年代後半には、「ヘイ!ミッチーです」で始まるラジオDJに出演、若者の間に「ミッチーブーム」を起こした。アニメの主題歌やテレビのCMソングでも話題になった。

また、一時は年商百億円といわれる会社経営に成功したが、バブル崩壊で九二年に倒産、妻との離婚訴訟問題などトラブルにも見舞われた。

記事には生前に親交のあった音楽・文化研究家の長田暁二、将棋九段の内藤國男、落語家の立川談志のコメントが載っているが、適宜紹介していきたい。

また、九日のテレビニュースは一斉にその死を報じ、各局のすべてのワイドショーが独自に特集を組み死を悼んだ。

特にテレビ東京は、早くも緊急・追悼特別番組「三橋美智也さん永遠に！ヒット曲全二十一曲」を二時間枠で放送した。

その他の番組の主なものは次の通りであった。

日本テレビ
ルック　意識戻らぬまま三橋美智也さん逝去で村田、北島ら歌手仲間男泣き
ザ・ワイド　悲しみの声響く　三橋美智也氏死去から一夜

TBSテレビ
モーニングEYE　三橋美智也さん逝く　秘蔵映像でつづる生涯六五年
スーパーワイド　悲痛！三橋美智也さん多臓器不全六五歳の死

フジテレビ
めざましテレビ　三橋美智也六五歳で死去
ナイスデイ　離婚泥沼愛憎の果て　三橋美智也大往生
ビッグトゥデイ　秘蔵映像でつづる三橋美智也六五年の歌人生

テレビ朝日

モーニング　三橋美智也さん逝く　意識不明七五日間全記録
パワーワイド　無念死　三橋美智也

取り上げ方はさまざまだが、人気歌手にふさわしく各局が三橋の足跡を大々的に報せていたのが印象に残った。

そして、その後行われた通夜と葬儀・告別式について、キングレコード・ディレクターとして三橋と公私にわたり深く関わった斉藤幸二は、二〇一二年発行の「軌跡・奇跡・輝石　三橋美智也歌謡全集」の解説で次のように書いている。

大阪で密葬をして後日東京で音楽葬をと、キングレコードが決めました。密葬とは云え天下の三橋美智也の葬儀です。通夜に八〇〇人、葬儀・告別式に二〇〇〇人以上が会葬。報道陣が一〇〇社以上、花輪・生花が数百で、想定をはるかに超えてしまいました。出棺が大幅に遅れて「哀愁列車」が流れ「三橋！」の掛け声に送られた霊柩車が火葬場に向けて出発、その車列を沿道や街角で待ち、合掌して見送って下さる人々の多さに驚き、改めてその偉大さを再確認しました。

三橋が亡くなった時、一カ月公演中の歌手が二人いた。舟木一夫と五木ひろしである。三橋を尊敬し子供のころからの熱烈なファンだった二人の人気歌手は、前代未聞の行動を起こす。

舟木は後のある日、公演に来たファンの了解をとり、その日のショーのすべてを三橋の曲で行ったという。五木は、亡くなった翌日の九日からの公演に三橋美智也コーナーを急遽設け、千秋楽まで続けたというのである。三橋流民謡の名取りでもある細川たかしも、ショーの中に三橋コーナーを設け、三橋の曲を継承している一人である。

三橋が後輩歌手たちにいかに尊敬されていたがわかる胸の熱くなるようなエピソードではないか。

そしてその後の音楽葬についても、次の記述がある。


二月五日に東京青山斎場で音楽葬（本葬）が行われました。民謡三橋流の門人二〇人による津軽三味線の演奏で始まり、芸能人・歌手、作詞・作曲家、放送・新聞・雑誌、レコード会社、スポーツ界、実業界の著名人が二〇〇〇人以上集い、偉大な歌手の死を悼みました。

焼香者はファンを含めると五〇〇〇人近くに及んだとスポーツ紙などは報じた。いずれにしろ盛大なものであったことは間違いない。これだけの人が集まったのは、美空ひばり以来とも報じられた。

その三橋が亡くなって早くも二十年が経とうとしている。

「週刊朝日」が平成二五年一〇月一八日号に特集として掲載した歌手の人気投票記事では、残念ながらベスト二十位にはランクインされなかったものの、男性六十代では十位、男性七十代では六位にランクされた。これは現役歌手を含めたランキングであり、依然として根強い人気を保っていることが明らかになった。

カラオケの人気も高い。数多くのヒット曲が歌われており、そのうち一〇曲が年別のベスト一五曲にランクインしている。これは三橋の全盛期に当たる昭和三〇年代に限れば、最も多くランクインしたフランク永井の一一曲にほぼ並ぶ高い数字なのである。ちなみに一位となったのは、三一年の「哀愁列車」と三四年の「古城」である。

石原裕次郎、美空ひばり、島倉千代子、春日八郎、三波春夫、村田英雄など当時の大スター達も一〇曲には届いていない中での数字であり、人気の高さを物語っている。

三橋を偲んで一三回忌まで毎年、追善公演が開催されていたのを御存じだろうか。大規模な追善公演としては最後となった、平成二〇年九月の大阪松竹座での一三回目の公演には、島倉千代子、橋幸夫、五木ひろし、金田たつえ、原田直之、大塚文雄など錚々たる顔触れがそろい、三橋のヒット曲を歌い、三橋との交流秘話が披露されている。

その後も命日には、民謡歌手を中心にファンを交えた集いが毎年開かれており、ファン同士の集まりとして、三橋美智也を歌う会があるほどなのである。

しかしながら、残念なことに五十代以下の人には認知度が低いのも事実である。全盛期に子供だった団塊の世代もすでに六十代後半に入り、二十代、三十代で人気を支えた人たちも老境を迎えている。四十代以上だった世代は、すでに亡くなった方も多いだろう。

このままでは偉大な歌手の存在が、次第に忘れられていくのも時間の問題である。これはまことに残念なことであり、何とか今の若い人たちに、かつて三橋美智也という偉大な歌手がいたことを知っていただきたく、執筆した次第である。当時からのファンの方にも楽しんでいただくため、多くのエピソードも盛り込んだつもりである。

第一章　天才民謡歌手から歌謡曲デビューへ

この章では、三橋美智也の生誕から民謡歌手時代を経て歌謡歌手としてデビューするまでの足跡を、デビュー三〇周年を記念して出版された三橋の著書『ミッチーの人生演歌（以下「人生演歌」）』をもとに辿ってみたい。

天才民謡歌手の誕生

三橋美智也は、父・三橋《みつはし》亀造、母・サツの間に昭和五年一一月一〇日、北海道上磯郡上磯町（現在の北斗市）に生まれた。満州事変の始まる前の年で、世界恐慌の影響が日本にも波及した年である。天津乙女の「すみれの花咲く頃」や藤本二三吉の「祇園小唄」などが流行していた。

父親はアサノセメントに勤めていたが、昭和九年満四歳になる直前に落盤事故で亡くなり、母との苦難な生活が待ち受けていた。

当時のことを「人生演歌」の中で「父がなくなってから、わが家は急激に貧乏になっていったようです。でも、母は、そんな経済的な苦しさをものともせずに働きつづけたようでした。会社の仕事を手伝ったり、いまでいうパートタイムの仕事もしていたと思います」と記している。

そのころの北海道で娯楽といえば、民謡を聞くことだったという。子守唄代わりに民謡を聞いて育った三橋は、五歳のとき母親から民謡を教えてもらうのだ。

母親も民謡が好きで、「当別民謡会」という民謡を歌う集まりで、毎晩のように歌っていたらしい。そうした血筋を引いたのか、三橋の民謡はメキメキと上達し、「神童」「天才」と言われるまでになっていく。いつしか子供のお遊びの域を超え、本物に近づいていたのである。ちょうどそのころ、母親が金谷五郎と再婚し、仕事の都合から函館市内に引っ越している。

その函館に巴座という劇場があった。普段は浪曲師の公演が主だったようだが、ある日民謡大会が開催されることになり、特別ゲストとして出演するのである。満五歳での初舞台であった。その人気に関心を持った女性浪曲師が巴座の支配人を通して、三橋を内弟子にしたいと言ってきたという。

しかし、この話は新しい父親の反対で実らなかった。もしもこの時弟子になり浪曲師として成功していたら、三波春夫、村田英雄とともに浪曲出身三羽烏が生まれていたと思うと、なんだか楽しくなるではないか。

三橋は、八歳の時「全国民謡コンクール」に「江差追分」で出場し、人気投票、審査員投票のいずれも一位となり、堂々の優勝を果たしている。民謡の天才児が全国に知られた瞬間であった。

三橋に初めてレコーディングの話が舞い込んだのは昭和一七年三月のことで、一一歳の時だった。コロムビアレコードから「民謡のレコードを吹き込みませんか」という手紙がきたのだ。当時の東京は地方に住む者にとってはあこがれの地である。

さっそく上京した三橋は、「追分（江差追分）」「じょんがら節」「よされ節」「たんと節」「津軽小原節」「津軽小原節（旧節）」「米山甚句」「博多節」を吹き込んだ。その時、多くの伴奏者の中で三味線と尺八を受け持ってくれたのが、後に師事する鎌田蓮道だった。

昭和一八年四月、函館市内の的場高等小学校に進んだ三橋は、三味線を習うため鎌田蓮道のもとに通うことになる。熱心に習得に励んだ結果、三味線が弾けるようになった当時のことを「私がキングレコードに認められ、今日の三橋美智也の誕生につながったのも、もとはといえば三味線のおかげ」（「人生演歌」）と語っている。

昭和一六年一二月八日に始まった太平洋戦争は、この年六月のミッドウェー海戦で手痛い打撃を受け、まさに戦雲急を告げる時代であった。

巡業生活から上京、綱島温泉・東京園へ

一八年から二〇年にかけての三橋は、ますます物資が不足し食糧難が続く中、民謡を歌う話があればご祝儀をもらうため、学校を休んででも駆けつけるという生活を続けた。そうしてようや

く終戦を迎えたが、物価が急騰して大変なインフレの時代となり、その後も生活難は依然として続くのである。

戦後の苦しい生活を民謡と三味線の演奏で何とか乗り切った三橋が、本格的に民謡の巡業に出るようになったのは、北海道一といわれた民謡歌手・浜田喜一の知遇を得たことがきっかけだった。マッカーサーの日本統治が始まり、第一次農地改革が行われたころのことである。

更に東北地方の有名な民謡歌手・三浦為七郎（母サツの伯父）の誘いを受けた三橋は、三浦との二枚看板で巡業を行うほどになった。日本国憲法が施行された昭和二二年のことである。行く先々で熱烈な歓迎を受けたとき、日本一の民謡歌手になろうと決意したのだった。

このころ世話になった民謡歌手に、鎌田稲一がいた。鎌田は子だくさんで、九人の子供がいた。その末っ子が歌手の吉幾三である。ある日、三橋と同じ歌番組に出演した吉の楽屋を三橋が訪ねてきて、こう言ったのだ。

「あなたのお父さんには大変お世話になったんだよ」

そして三橋は鎌田との思い出話に花を咲かせた後で、深々と頭を下げて帰って行ったという。大先輩に頭を下げられ恐縮した、と日刊ゲンダイに連載した自伝の中で披露している。律義な三橋らしいエピソードである。

その後、三橋は民謡歌手・白川軍八郎とも東北を巡業して歩くようになる。「復興は石炭から」という国策が二一年一二月から開始され、「炭坑節」が全国に広まっていた時代であった。

背中を押された三橋は、満員の夜行列車で上京する。昭和二五年五月五日は三橋にとって忘れられない日になった。

上野駅に着いた三橋は、思いもかけない行動に出る。浅草に住んでいた喜劇役者のエノケンを訪ねたのだ。だが、エノケンは不在だった。

そして最終的に訪問した民謡の菊池淡水から「すぐにプロというわけにはいかない」と言われてしまったのだ。菊池は人気歌手・赤坂小梅とともに巡業を行うほどの大家だった。とにかく働かなければと思い、菊池から紹介された風呂屋で働き始める。

昭和二五年は、六月に朝鮮戦争が勃発し日本が特需景気にわき、戦後の復興が急速に進んだ年であった。特に鉄鋼、繊維関係の産業は大いに潤ったのである。人々の暮らしにようやく明るい兆しが見え始めたのがこのころで、巷では山口淑子の「夜来香」、二葉あき子の「水色のワルツ」、美空ひばりの「東京キッド」などが盛んに流れていた。

働きながら近所の人たちに民謡を教えていた三橋は、亀谷うめと知り合い、彼女の勧めで綱島温泉の東京園を訪ねる。そこで後に養母となる北沢とし子と会い、ボイラーマンとして住み込みで働くことになったのである。

綱島温泉は、東京の奥座敷として栄えており、最盛期の昭和三〇年代には七〇軒を超す旅館があったが、今ではその面影はまったく残っていない。唯一「東京園」だけが、日帰り温泉施設として営業を続けているだけである。今となっては、三橋を偲ぶ貴重な場所になっている。

上京した年に三橋は、読売ホールで行われた日本民謡協会の発会式に出席している。満員の会場で、三味線を弾きながら「相馬盆歌」を力いっぱい歌った。東京での初デビューだった。

このころ三橋は、北沢とし子の姉の中村かつと出会い、着物を惜しみなく買ってもらうなど、物質面はもとより精神的にもお世話になっている。とし子から私たち夫婦の養子になってもらえないかと言われたのもこのころのことだった。まじめに働き誠実な三橋に、子供のいない夫婦は大きな期待を抱いたのだ。そのときは返事を保留したが、後に養子となるのである。

昭和二七年四月、三橋は明治大学付属中野高校に入学する。念願の進学であった。このとき二十一歳。級友たちからは「おとっつぁん」と呼ばれて親しまれた。こうして三橋の、昼間は高校、夜は民謡の先生という生活が始まったのだ。高校の月謝は五〇人ほどいた民謡の生徒からの月謝でまかなえたようだ。正式に北沢家と養子縁組したのもこの年だった。

知人の紹介でＮＨＫのラジオ番組「民謡をたずねて」に出演したのも、高校一年生だったこの年である。ようやく実力が認められたのだ。「私のよろこびは天にも昇るようでした」と「人生演歌」で述懐している。

昭和二八年、三橋は「日本民謡青年新志会」を弟子や仲間たちと発足させる。今までの民謡は歌い方の枝葉末節ばかりにこだわり、ひとつの枠にはめ込もうとしすぎるとの不満からであった。会の第一回目の発表会は東京・新宿の伊勢丹ホールで開催された。客の入りが心配だったが、いざ幕があいてみると、立ち見が出るほどの盛況だった。以後、三橋の新時代に向けての積極的な取り組みが始まった。いわゆる「新民謡」の幕開けである。

この年の一二月に封切られた岸恵子・佐田啓二主演の「君の名は」が翌年にかけて大流行し、織井茂子の同名の主題歌も大ヒット、菊田一夫の原作もベストセラーになった。津島恵子・香川京子主演の映画「ひめゆりの塔」も、評判を呼んでいる。

念願のデビューへ

その昭和二八年。三橋に転機がおとずれる。以前から顔見知りであったキングレコード音楽課長の掛川尚雄から「本格的に新民謡のレコードを出さないか」と誘われたのだ。

これには経緯があった。あるとき、民謡教室の教え子の平野繁松を三橋がキングレコードに紹介したことが発端だった。三橋が伴奏を担当し平野が歌ったが、平野の歌の調子が時々狂ってしまい、三橋が自分で歌って直したところを、そばで聞いていた掛川の耳がとらえたのだった。

その場で「江差追分」を歌った三橋のうまさに掛川は舌を巻く。その結果、三橋の方が採用となったのである。最初は学校に行けなくなると困ると渋ったが、結局専属契約を結ぶことになり、学校も卒業まで通えることになった。

デビュー曲が決まるまでの三橋は、キングの音楽学院に入り、毎日教則本のレッスンを受けていたが三カ月でやめてしまい、文芸部に顔を出すようになる。文芸部にはディレクターをはじめ作詞家や作曲家がやってくるので、顔を覚えてもらえるのではないかと期待したのであった。

そうしたある日、掛川課長から声がかかり、渡された曲が「新相馬ぶし」をベースにした「酒の苦さよ」であった。作詞・山崎正、作曲・山口俊郎の三橋の記念すべきデビュー曲は、こうして世に出ることになったのである。

初の吹き込みが行われたのは、昭和二八年九月二五日のことであった。そのころはバックバンドの演奏に合わせて吹き込むというやり方だった。今ではバンド演奏を先に録音し、音の調整をしてから歌をダビングするのが一般的である。二度とちったが、三度目の正直で本番OKとなった。

この年は、二月にNHK、八月には日本テレビがテレビ放送を開始し、駅前広場や公園に大型の街頭テレビが設置されている。新しい映像の時代の幕開けとなったのである。

こうして二八年一二月に発売されたデビュー曲は、残念ながら三橋の期待に反してあまり売れなかった。それでも一万五千枚ほどのセールスを記録し、将来への期待を持たれたのであった。

その後三橋は、「南部牛方節」をベースにした「瞼のふる里」「かっぱ踊り」「はてなき涙」「東京から故郷から」「角帽浪人」を吹き込むが、いずれも不発に終わる。このころ、同じ函館市の出身でキングの専属作詞家だった高橋掬太郎に励まされたという。それが大きな力となり、最初のヒット曲「おんな船頭唄」につながるのである。

また、三橋の素質を見抜いた作曲家・渡久地政信の勧めにより、渡久地の家に日参したことで発音の癖などを直すことができたのも、このころである。「角帽浪人」は渡久地の作曲であった。

渡久地は、沖縄出身で奄美大島で育った。最初は歌手を目指したが目が出ず、苦労を重ねた。戦後になり奄美に帰ったところ、作曲家になろうと決意するが、食べるためには歌手の仕事を続けるしかないと思っていたところ、ビクターレコードの専属を突然解除されてしまう。途方に暮れた渡久地に手を差し伸べてくれたのが、先輩の作曲家・利根一郎だった。

利根の尽力により、キングレコードで作曲家として専属になった渡久地が、一躍脚光を浴びたのが昭和二六年に作曲した「上海帰りのリル」であった。当時としては特大のヒットになったのである。

おんな船頭唄C 1164（初のヒット曲 作詞・藤間哲郎／作曲・山口俊郎S 30.3.21 発売）

三橋が歌ってヒットする「島の船唄」は渡久地の作曲である。ゆったりとした島の情景を歌ったこの曲が、故郷の島々を思い浮かべて作られたものであるのは間違いないだろう。

三橋がデビューしたころ、日本初のプロレス興行が始まった。力道山・木村政彦組とシャープ兄弟との一戦を街頭テレビで見た人も多いのではないか。前年に休戦となった朝鮮戦争後初めての不況となったのもこの年である。

昭和三〇年三月発売の「おんな船頭唄」は、藤間哲郎作詞、山口俊郎作曲で、照菊の「逢初ブルース」のB面であった。最初は売れなかったものの、半年ほど経ってから関西方面からジワジワと売れ始め、年末には四十万枚のヒットになったという。

当時は蓄音機があまり普及しておらず、三万枚売れればヒット、十万枚で大ヒットと言われた時代である。四十万枚は正真正銘の大ヒットだったのだ。

いきなり高音で叫ぶように歌いだすこの歌は、実は西村つたえという新人歌手が歌う予定であった。できあがった曲と詞が男性向きなので、「お富さん」の大ヒットですでに人気歌手だった春日八郎が歌うことになった。ところが人気歌手の春日は、巡業中でしかも帰京が遅れ、吹き込みが間に合わない事態となったのだ。そこでお鉢が回ってきたのが三橋だったのである。

実は春日の「お富さん」も最初は当時の人気を小畑実と二分した歌手・岡晴夫が歌うはずだった。岡が拒否してコロムビアレコードに移籍してしまったため、春日が歌うことになったのだ。いわば身代りで歌った歌が大ヒットとなり、人気歌手となった経緯は一人ともそっくりで、人生の何とも言えない妙味を感じるのは、わたしだけではないだろう。

ちなみに「おんな船頭唄」は、水郷として知られる茨城県潮来を歌ったもので、潮来は花村菊江の「潮来花嫁さん」、橋幸夫の「潮来笠」など多くの曲で歌われている。「おんな船頭唄」の歌碑は、潮来に近く同じく水郷として有名な千葉県佐原市（現在の香取市）の市立水生植物園に建てられている。

おんな船頭唄（藤間哲郎・作詞　山口俊郎・作曲）

嬉しがらせて　泣かせて消えた
憎いあの夜の　旅の風
思い出すさえ　ざんざら真菰《まこも》
鳴るなうつろな　この胸に

所詮かなわぬ　縁《えにし》の恋が
なぜにこうまで　身を責める
呼んでみたとて　はるかなあかり
濡れた水棹《みざお》が　手に重い

第二章　歌謡界の王者への道

この章では、「おんな船頭唄」がヒットした昭和三〇年から三八年までの足跡を辿る。毎年のように大ヒットを連発した、いわば三橋美智也の黄金時代ともいえる時代である。

昭和三〇年　人気歌手・三橋美智也の誕生

三橋のヒット第二弾となるのは、島倉千代子の「東京だよおっ母さん」、美空ひばりの「哀愁波止場」、村田英雄の「王将」などを次々に大ヒットさせ、今では大御所ともいえる存在になった作曲家・船村徹の作品「ご機嫌さんよ達者かね」であった。

船村と三橋の出会いは、二年前にさかのぼる。まだ売れない二人は、作詞家の高野公男とともにキングレコードに出入りしていた。ストーブの当番をおおせつかった船村と高野はストーブを消してしまいそうになり、先輩からどやされたという。その窮地を救ったのが三橋だった。

「すみません」とかなんとか言って、必死に火かき棒をいじっていると、「ぼくにまかせてください」と、助っ人が現れた。学生服を着てメガネをかけた小じんまりした男だ。

学生服を着ているにしては、ちょっとフケた感じのその男がチョコチョコッとかき回しただけで炎が赤々と燃え上がった。（略）

「さすが本職はちがいますね。アルバイトでキングのストーブ係り、やってるんでしょう！」

するると、彼がキッとなって言った。

「何いってるんですか。ぼくは歌い手ですよ！」

その学生が三橋美智也氏だった。

（「酒・タバコ・女　そして歌」（船村徹著）より）

そうした出会いを経て三人は急速に親しくなる。将来は一緒にデビューしようなどと話していたが、三橋が「酒の苦さよ」で一足先にデビューしてしまい仲たがいしたこともあったが、作曲家の山口俊郎にいさめられ一件落着となった。

「ご機嫌さんよ達者かね」の詩は、「角帽浪人」のころにはできていたらしい。このころ、船村も高野も「ふるさと」への思いを曲にすれば、いつか必ず注目されると考えていた。その思いがとうとう実現したのが、この曲だったのだ。

この年三橋は、新撰組をドラマチックに歌った「あゝ新撰組」、島の情景をのどかに歌った「島の船唄」、春日八郎の「別れの一本杉」とカップリングした「君は海鳥渡り鳥」とヒットを続け、年末に発売されたのが高野公男作詞、船村徹作曲の「あの娘が泣いてる波止場」だった。この曲は「おんな船頭唄」「あゝ新撰組」とともに、後年になってミリオンセラーを記録する大ヒットとなる。従来の五七五調の定型詩を打ち破った破調の曲であった。軽快で早いテンポのこの曲は、三橋の新しい魅力発見の端緒となったのである。

しかしながら、礼儀知らずの無鉄砲な作詞家、作曲家が現れたとの批判があったとも船村は前述の著書の中で記している。新しいものが世に出る時の反応は、今も昔も変わらないようだ。ちなみにこの曲は「小島の鷗」のB面であった。まだ駆け出しの高野、船村コンビではA面というわけにはいかなかったのだろう。

こうして三橋は、人気歌手の仲間入りをしたのである。

あの娘《こ》が泣いてる波止場（高野公男・作詞　船村徹・作曲）

思い出したんだとさ
逢いたくなったんだとさ
いくらすれても　女はおんな
男心にゃ　わかるもんかと
沖のけむりを　見ながら

あゝ　あの娘《こ》が泣いてる　波止場

呼んでみたんだとさ
淋しくなったんだとさ
どうせカーゴの　マドロスさんは
一夜《いちや》泊まりの　旅の鷗と
遠い汽笛を　しょんぼり
あゝ　あの娘《こ》は聞いてる　波止場

昭和三〇年に特筆しなければならないのは、島倉千代子のデビューだろう。前年の第五回コロムビア歌謡コンクールで優勝した島倉は、この年、映画主題歌「この世の花」でデビュー。高音で哀愁を帯びたこの曲は、声の可憐さも手伝い大ヒットとなった。

もともとこの曲は、初代コロムビアローズが歌うはずだったが、地方公演などで多忙を極め、映画のスケジュールに間に合わず、島倉に回ってきたのだ。三橋の「おんな船頭唄」とよく似た経緯をたどった曲なのである。

島倉のデビューも三橋同様に順風満帆なものではなかった。十数曲も吹き込みながらすべてお蔵入りという状態で、作曲家の万城目正に歌が下手だと言われた島倉の大変な努力の結果生まれたものであった。「りんどう峠」もこの年にヒットし、一躍人気歌手の仲間入りをしたのである。
島倉の声は大変な高音に聞こえるが、実は三橋の方が一オクターブ高いのである。この年始まり三九年まで足かけ一〇年続いたラジオ番組「三橋美智也ショー」に島倉がゲスト出演したとき、二人の会話の中で聞き、驚いた記憶がある。

この世の花（西條八十・作詞　万城目正・作曲）

あかく咲く花　青い花
この世に咲く花　数々あれど
涙にぬれて　蕾のままに
散るは乙女の　初恋の花

想うひとには　嫁がれず
想わぬひとの　言うまま気まま
悲しさこらえ　笑顔を見せて
散るもいじらし　初恋の花

この年から翌年にかけて大ヒットしたのが、春日八郎の「別れの一本杉」である。高野公男作詞、船村徹作曲のこの曲は一二月に発売された。キングレコードの夢のカップリングという企画に、三橋の「君は海鳥渡り鳥」とともに選ばれたものであった。

しかしながら、高野、船村コンビの曲を春日と三橋が歌うのは、これが最後となる。ヒットが出たにもかかわらず専属になれなかった二人がキングを去り、コロムビアレコードの専属になってしまったからである。

また、このころから結核で入院していた高野は、新天地で発売になった青木光一の「早く帰ってコ」のヒットを最後に、翌年九月に亡くなってしまうのだ。その時の船村の落胆ぶりは今でも語り草になっている。

三橋と春日の曲は、この後「ふるさと歌謡」や「ふるさと演歌」の呼び名で人気になっていき一時代を築く。

すでに大人気歌手だった美空ひばりの「娘船頭さん」、鶴田浩二「赤と黒のブルース」、エト邦江「カスバの女」、菅原都々子「月がとっても青いから」大津美子「東京アンナ」、初代コロムビアローズ「渡り鳥いつ帰る」宮城まり子「ガード下の靴みがき」、岡晴夫「逢いたかったぜ」などもこの年のヒット曲である。

昭和三〇年は、翌年発行された「経済白書」で、「もはや戦後ではない」と言われた変革期に当たっていた。自由党と日本民主党が合同して自由民主党が、社会党右派と社会党左派が統一されて日本社会党が結成され、いわゆる五五年体制が始まっている。前年の暮れには、長く続いた吉田茂の政権が終わりを告げ、鳩山一郎内閣が誕生している。

後に詳しくみるが、人気歌手の新旧交代の年だったことも付け加えておく必要があるだろう。

昭和三一年　三橋美智也ブームの到来

この年、三橋はなんと一四曲ものヒットを放っている。中でも特大のヒットとなったのが、四月発売の「リンゴ村から」と五月の「哀愁列車」の二曲であった。

前年の一一月に大阪の北野劇場で、キングレコード歌謡大会に出場した三橋は、大先輩の林伊佐緒に声をかけられる。楽屋に行くと、「君にぴったりくるメロディーが出来上がったんだよ。どうかね」と言われたという。林と言えば「高原の宿」や「ダンスパーティーの夜」などのヒット曲を持ち、戦前から活躍する大歌手であり、また作曲家でもあった。

まだ駆け出しの自分に目をかけてくれたとの思いから、感激した三橋は押し戴くように譜面を抱えて自分の楽屋に戻ったという。それが「リンゴ村から」であった。

リンゴ村からＣ 1309（作詞・矢野亮／作曲・林伊佐緒Ｓ 31.4.21 発売ＳＰ・ＥＰ同時発売第１号）

作詞は矢野亮。都会に出てしまった恋人は何年も便りがない。リンゴの収穫時期になると恋人を思い出さずにはいられない。「帰っておくれよ」と叫ばずにはいられなかった。そんな切ない心情を抒情的に歌ったこの曲は、爆発的なヒットとなったのである。

リンゴ村から（矢野亮・作詞　林伊佐緒・作曲）

おぼえているかい　故郷の村を
たよりもとだえて　幾年《いくとせ》過ぎた
都へ積み出す　まっかなりんご
見るたびつらいよ
俺らのナ　俺らの胸が

おぼえているかい　別れたあの夜
泣き泣き走った　小雨のホーム
上りの夜汽車の　にじんだ汽笛
せつなく揺するよ
俺らのナ　俺らの胸を

哀愁列車Ｃ 1333（作詞・横井弘／作曲・鎌多俊与Ｓ 31.5.21 発売ＳＰ盤専用袋つき

「リンゴ村から」がヒットした五月、石原裕次郎が兄の石原慎太郎の芥川賞受賞作を映画化した「太陽の季節」で、さっそうとデビューしている。「狂った果実」で歌手デビューを果たしたのもこの年であった。日本山岳会マナスル登山隊がヒマラヤのマナスルに初登頂したのも五月のことである。

　その五月に今までの民謡調の曲とは流れを変えて作られた「哀愁列車」が発売される。哀愁を帯びた高音で、突っ走るような感じで歌唱するこの曲は、空前ともいえる大ヒットを記録する。二曲とも男心のひたむきさを歌ったもので、いわゆる〈男歌〉である。三橋が流行歌手の仲間入りを果たした瞬間であった。

　作詞した横井弘は、立川談志の著書『談志絶唱　昭和の歌謡曲』の中の談志との対談で、次のように触れている。

談志　「哀愁列車」の場合、殺し文句はどれです？

横井　弱ったな。やっぱり頭の「惚れて惚れて惚れていながら行く俺に」でしょうね。あれは起承転結でいえば「転」なんですが、それをいきなり頭にもってきたわけです。私が好きなのは「窓は二人を遠くする」ですが。

「窓は」以下のフレーズは、三番の歌詞にあるものである。また、曲ができたきっかけについて、次のようにも言っている。

横井　(略) 列車ものをやりたいと言われて。で、ちょうどそのころ、仲間たちとよく伊豆方面に旅行したんですが、前の晩にドンチャンやって翌日ホームに立つと、何となく哀愁みたいなものを感じる。そこからヒントを得て書いたんですけどね。

談志　題名も自分で作るんですね。

横井　はい。「哀愁列車」のように題名から内容に入っていく場合もありますし。

この年の五月末から二〇日間にわたって、三橋は北海道巡業を行っている。初日が故郷に近い函館市で、会場は超満員の観客で埋め尽くされたのだ。「その時の感激は、生涯忘れることのできない素晴らしいものだった」と「人生演歌」の中で述べている。

哀愁列車（横井弘・作詞　鎌田俊与・作曲）

惚れて　惚れて
惚れていながら　行く俺に
旅をせかせる　ベルの音
つらいホームに　来は来たが
未練心に　つまづいて
落とす涙の　哀愁列車

燃えて　燃えて
燃えて過ごした　湯の宿に
うしろ髪ひく　灯《ひ》がひとつ
こよい逢瀬を　待ちわびる
君のしあわせ　祈りつつ
旅にのがれる　哀愁列車

三一年のヒット曲は他に、「船頭追分」「御存じ赤城山」「男涙の子守唄」「あゝ田原坂」「玄海船乗り」「お花ちゃん」「母恋吹雪」「江差恋しや」「あゝ想夫恋」などがあり、全部で十四曲を数えた。

「りんご村から」と「哀愁列車」はその後もロングセラーとなり、いずれも二五〇万枚を超えている。「母恋吹雪」も二〇〇万枚、「お花ちゃん」「男涙の子守唄」も一〇〇万枚を超えるなど、たった一年の間にミリオンセラーを五曲も放つほどの驚異的な人気であった。

当時、ギネスブックがあったならば、一年間のヒット曲の数で三橋が登録されたのは間違いないだろう。

「三橋で明けて三橋で暮れる」と言われるのが、ちょうどこのころからである。ラジオから朝から晩まで三橋の歌が洪水のように流れ、お年寄りから子供まで、三橋を知らない人間はいないほどの爆発的なブームの到来であった。

その美声に「しびれる」と言われたのもこのころで、流行語にもなったこの言葉が最初に使われたのは三橋だった。この年の三橋は、民謡も含めキングレコード全売り上げの四〇パーセントを、一人で占めたほどの人気だったのである。

母恋吹雪C 1392（作詞・矢野亮／作曲・林伊佐緒S 31.11.21 発売）

浅草国際劇場のワンマンショーのチケットを買うため、ファンが二キロに及ぶ行列を作ったのもこのころであった。まだネットでの購入どころか、プレイガイドもない時代で、劇場の窓口に並ぶしかない時代だったのである。

三橋は、この年の第七回紅白歌合戦に初出場を果たし、

「哀愁列車」を歌った。

三一年は他に、曾根史郎「若いお巡《まわ》りさん」、三浦洸一「東京の人」、鈴木三重子「愛ちゃんはお嫁に」、青木光一「早く帰ってコ」、美空ひばり「波止場だよお父つぁん」、島倉千代子「東京の人さようなら」、若原一郎「山蔭の道」、山田真二「哀愁の街に霧が降る」、初代コロムビアローズ「どうせ拾った恋だもの」などがヒットした。

大津美子の「ここに幸あり」もこの年の発売だが、大ヒットとなるのは翌年以降のことで、テレビの人気番組「テレビ結婚式」で使われてからのことである。

東京の人（佐伯孝夫・作詞　吉田正・作曲）

並木の雨の　トレモロを
テラスの椅子で　ききながら
銀座娘よ　なに想う
もらす吐息に　うるむ青い灯
しのび泣く　恋に泣く
東京の人

夜霧の日比谷　ゆく人も
隅田の流れ　見る人も
恋に身をやく　シルエット
君は新宿　僕は浅草
しのび泣く　恋に泣く
東京の人

更にこの年、一人の大物歌手がデビューするが、大ブレークするのは翌年になってからだった。「恋人よ我に帰れ」のフランク永井である。

この年の一二月、国連総会で日本の国際連合加盟が可決され、ようやく世界に認められることになったのである。日ソの国交が回復したのもこの年であった。

映画「ビルマの竪琴」や五味川純平の小説「人間の条件」が話題になるなど、依然として戦争の記憶が消えない時代であった。しかしながら、前年に始まった神武景気が依然として続いていたこともあり、国民に高揚感のあった年だったといえる。

昭和三二年　三橋ブームは続く

この年の三橋は、前年に引き続き絶好調であった。全国津々浦々に三橋の歌声が響き渡ったのである。

南極に昭和基地が初めて設置された一月に発売された「俺ら炭坑夫」は、今では死語になってしまった炭坑夫を歌った珍しい曲だった。当時は日本全国に炭坑があり、そこで働く人たちの共感を呼びヒットしたのだ。

続いて発売になった「東京見物」は、島倉千代子の「東京だヨおっ母さん」とよく似た曲である。地方から出てきた息子が母親を東京案内するのが「東京見物」、娘が母親を案内するのが島倉の曲だった。どちらにも二重橋と靖国神社が出てくるが、当時の世相を反映していて興味深い。今なら「東京スカイツリー」というところか。

地方から出てきた若者が、東京に親を呼んで親孝行する姿に多くの人が共感するとともに、郷里の親を思って涙する人たちが多くいたことが、ヒットにつながったのではないだろうか。

三〇年代に入り、地方から団体で東京見物にやってくる人たちが多くなったのもこの時期だったのである。後にヒットする美空ひばりの「東京だよお父つぁん」も、似たような曲である。

東京見物（伊吹とおる・作詞　佐伯としを・作曲）

写真で見ただろ　おっかさん

お濠に映った　二重橋
東京見物　させたいものと
いってた兄貴も　草葉の陰で
にっこり笑って　見てるだろ

話に聞いたろ　おっかさん
上野のお山の　大男
東京名物　西郷さんだ
お国のためだと　笑って死んだ
兄貴の横顔　思い出す

一本刀土俵入Ｃ 1437（作詞・高橋掬太郎／作曲・細川潤一Ｓ 32.3.21 発売ＳＰ盤専用袋つき）

三月発売の「一本刀土俵入」は、それまでと趣向を変え股旅物に挑戦したもので、これも大ヒットを記録する。以後も三橋は股旅物を出していくが、この曲を超えるヒットはついに出なかった。この年にデビューした三波春夫も三五年に同名のヒット曲を出すが、内容はまったく違うものである。

この後も「顔見に来たのさ」「リンゴ花咲く故郷《ふるさと》へ」「おさげと花と地蔵さんと」とヒットが続く。このころの三橋は、基本的には毎月一枚のレコードを出していたが、すさまじいばかりの人気に加え民謡を求めるファンも多く、月一枚ではとても需要にこたえることができなかった。このため臨時に何枚ものレコードが出るという状態であった。

更に当時は、地方巡業が花盛りの時代であった。ラジオは普及したもののテレビの普及にはほど遠く、人気歌手を一目見ようと公演会場に多くのファンが押し掛けたのだ。

三橋の場合も例外でなく、各会場は入りきれないファンが多数出るほどの盛況が続き、地方公演はひと月に二〇日間も行われていたのである。その間を縫って、新曲の録音やラジオ・テレビ出演をこなし、大劇場でのショーも行うという、休む暇もないほどの多忙さだった。

三橋の人気に目をつけた最初の興行師は、神戸芸能社（山口組興行部・昭和三二年に株式会社化）の山沖一雄だったといわれている。山沖がこれと見込んだ新人の一〇人中八、九人はものになったという。あれは当たらないという三橋を周囲の反対を押し切って採用。みごとに金星を射止めたのである。

このころの面白いエピソードとして、山平重樹は実録小説「神戸芸能社」の中で次のように紹介している。

所属レコード会社の担当係長は、三橋美智也に対して「三橋、三橋」と呼び捨てにしていたのが、売れるにつれて「三橋さん」に変わり、終いには「三橋先生」となったのだから、笑うしかなかった。

文字通り笑えるエピソードだ。これは、山平が山沖に取材したときに聞いたものである。

この年の一一月一〇日。二六歳の誕生日に、大阪の料亭の娘だった松本喜久子と結婚する。キングレコードから今までの功績に対するご褒美として長期休暇を手にした三橋は、約一か月間に渡るヨーロッパへの新婚旅行にでかけることになったのだ。

出かける直前にレコーディングされたのが「おさらば東京」であった。洋楽のリズムでありながら民謡調の節回しの入るこの曲は、旅行に出かけて日本を長期留守にする三橋からの、ファンへのプレゼントの意味合いがあったという。

この曲が当時のラジオ東京（現在のＴＢＳ）の歌謡番組「人気東京六つの歌」で、連続五〇週にも渡り首位を占めた、と長田暁二は「歌謡曲おもしろこぼれ話」の中で披露している。三橋の三二年最後のヒット曲であった。

おさらば東京（横井弘・作詞　中野忠晴・作曲）

死ぬほどつらい

恋に破れた　この心
泣き泣き行くんだ　ただひとり
思いで消える　ところまで
あばよ　東京　おさらばだ

やりきれないよ
胸にやきつく　あの瞳
この世に生まれて　ただ一度
真実ほれた　夜も夢
あばよ　東京　おさらばだ

なお、後にミリオンセラーとなったのは、「一本刀土俵入」「おさげと花と地蔵さんと」「おさらば東京」の三曲である。

この年の第八回紅白歌合戦は、三橋にとって忘れられないものとなる。まだ二回目の出場にもかかわらず、「リンゴ花咲く故郷へ」をトリで歌うという快挙を成し遂げたのだ。

おさらば東京Ｃ 1541（作詞・横井弘／作曲・中野忠晴編曲・上野正雄Ｓ 32.10.21 発売ＳＰ盤専用袋つき）

この年には、同じく二回目の出場で美空ひばりも大トリを射止めている。歌手としての履歴の長さや過去の実績にこだわらず、その年のヒット曲と人気でトリを選出する方針をＮＨＫが初めて示したのである。

後にもう一人、昭和四四年に森進一が二回目の出場でトリに輝いた以外、誰も経験していない画期的な出来事であった。

三二年の歌謡界は、昭和を代表する人気歌手が続々と誕生した年として記憶に残った。

その一人が浪曲界から転身し、「チャンチキおけさ」と「船方さんヨ」が大ヒットした三波春夫である。三橋の活躍に刺激されたと後に語っているが、南條文若として活躍していた浪曲界の将来に、不安を感じての転身だったといわれている。

三波のデビュー曲「メノコ船頭さん」は三波自身の作曲だったが、あまり売れなかった。しばらくして再デビューすることになり、用意されたのが先の二曲である。

最初はA面の「チャンチキおけさ」が売れ、下火になったころB面だった「船方さんヨ」が売れたのだ。浪曲の節回しを取り入れた高音の美声は、民謡で鍛えた三橋と同様に一世を風靡することになる。「合羽からげて　三度笠」と歌う「雪の渡り鳥」もこの年に発売されている。

当時の歌謡界では、スーツ姿で歌うのが通例であった。この慣習を破って、初めて和服姿でステージに立ったのは三波だといわれている。浪曲調の曲に洋服は合わず、思い切って衣装を変えたことも成功の一因となったのである。

チャンチキおけさ（門井八郎・作詞　長津義司・作曲）

月が侘しい　路地裏の
屋台の酒の　ほろにがさ
知らぬ同志が　小皿たたいて
チャンチキ　おけさ
おけさ切なや　やるせなや

一人のこした　あの娘
達者でいてか　おふくろは
すまぬすまぬと　詫びて今夜も
チャンチキ　おけさ
おけさおけさで　身をせめる

前年のデビュー曲の反響が今一つだったフランク永井は、この年「有楽町で逢いましょう」が大ヒットとなり、一躍名前を知られることになる。

それまでのフランクは、進駐軍のキャンプでジャズを歌っており、のど自慢荒らしとしても知られていた。その評判からビクターレコードの専属となったのだ。

専属になって二年後の三二年。関西系のそごう百貨店が東京の有楽町に進出することになり、ラジオなどで「有楽町で逢いましょう」のキャッチフレーズが盛んに流れていた。それを耳にした作詞家の佐伯孝夫が、このフレーズでの新曲をビクターレコードに提案し採用されたものだという。作曲は「街のサンドイッチマン」や「東京の人」などのヒット曲を持つ吉田正。一一月に発売された都会調のこの曲は、新鮮な印象を人々に残したのであった。

以後フランクは、「東京午前三時」「夜霧の第二国道」「公園の手品師」などを次々にヒットさせていく。

有楽町で逢いましょう（佐伯孝夫・作詞　吉田正・作曲）

あなたを待てば　雨が降る
濡れて来ぬかと　気にかかる
あゝビルのほとりの　ティールーム
雨も愛しや　歌ってる

甘いブルース
＊あなたとわたしの合言葉
　有楽町で逢いましょう

心にしみる　雨の歌
駅のホームも　濡れたろう
あヽ小雨にけむる　デパートよ
今日のシネマは　ロードショウ
かわすささやき
（＊印くりかえし）

もう一人が前年にデビューを飾った昭和の大スター・石原裕次郎である。主演する映画が立て続けに大ヒットし、映画の中で歌われた曲も多くのファンを魅了したのである。「俺は待ってるぜ」「錆びたナイフ」はこの年に流行した。もっとも、「錆びたナイフ」は歌の方が先にでき、それから映画が製作されるという経過をたどった。後に歌謡映画が多く作られることになるが、歌が先で映画が後のパターンがほとんどである。

この年は美空ひばりファンにとって、忘れられない年でもあった。一月一三日、浅草国際劇場で正月公演を行っていたひばりは、一九歳のファンの少女から顔に塩酸をかけられたのだ。幸い命に別状はなかったが、顔にはその時の傷跡が後々まで残ったという。

三二年にヒットしたのは、島倉千代子「逢いたいなァあの人に」、美空ひばり「港町十三番地」、春日八郎「あン時ゃどしゃ降り」、藤島桓夫「お月さんこんばんわ」、青木光一「柿の木坂の家」、三浦洸一「踊り子」、若山彰「喜びも悲しみも幾年月」、初代コロムビアローズ「東京のバスガール」、松山恵子「未練の波止場」などであり、まさに百花繚乱の感があった。

この年は、後半に入ると景気が減速し、後になべ底不況と呼ばれることになる。東京都の人口が世界一となり、岸信介内閣が誕生している。原田康子の「挽歌」、三島由紀夫の「美徳のよろめき」がベストセラーになったのもこの年であった。後者は「よろめき」が流行語になっている。

昭和三三年　ヒットはまだまだ続く

三三年の三橋最初のヒット曲は、「ギター鷗」である。夜の巷を流して歩く演歌師を歌ったらしいこの歌は、矢野亮作詞、吉田矢健治作曲。この二人のコンビの曲は、民謡歌手・斉藤京子とデュエットした「お花ちゃん」以来のことであった。一行目から高音を響かせて歌うこの曲も多くのファンを魅了する。

続く「草笛の丘」は、藤木悠主演の東宝映画に使われた挿入歌であり、一番から三番までの最後に「君恋し」と入る、三橋には珍しい清純な感じの曲であった。映画には三橋もラグビー選手の役で出演している。

なお三橋は、三七年にも「民謡の旅　桜島　おてもやん」という東映映画で、美空ひばり、高倉健らと共演している。映画にはあまり出ない三橋にとって、貴重な体験となった。

この年、三橋の最大のヒットとなったのが、二月発売の「夕焼とんび」であった。子供からお年寄りまで幅広い層に絶大な人気があった三橋に、誰でも口ずさめる曲を作ろうとの企画から生まれたものである。一見童謡のような詞だが、出来上がった吉田矢健治の曲は、どこかコミカルな味があるリズミカルな民謡調であった。

この曲が大ヒットしていた四月一日、売春防止法が全面施行され、いわゆる〈赤線〉の灯が消えている。

夕焼とんび（矢野亮・作詞　吉田矢健治・作曲）

夕焼け空が　マッカッカ
とんびがくるりと　輪を描《か》いた
ホーイのホイ
そこから東京が　見えるかい

見えたらここまで　降りて来な
火傷をせぬうち　早くこョ
ホーイホイ

上りの汽車が　ピーポッポ
とんびもつられて　笛吹いた
ホーイのホイ
兄《あん》ちゃはどうして　いるんだい
ちょっぴり教えて　くんないか
油揚げ一丁　進上ョ
ホーイホイ

この後「民謡酒場」「美智也マドロス」と続き、八月に「センチメンタルトーキョー」が発売される。折からのロカビリー旋風のさなか、「ダイアナ」「ユーアーマイ　ディスティニー」などのロッカバラードが大ヒットし人気者となったポール・アンカが、九月に来日することになった。来日時に国際劇場で公演する予定の三橋が、なんと共演することになったのだ。そして急遽作られたのがこの曲であった。

夕焼とんびC 1569（作詞・矢野亮／作曲・吉田矢健治Ｓ 33. 2.21 発売 EP・ＳＰ盤歌詞カード兼用ＳＰ盤専用袋つき

ロックンロールのリズムを前奏から取り入れたこの曲は、歌詞はいささか古い表現が目立つもののの、三橋らしからぬバタくさい仕上がりとなり、異色のヒットとなる。どんな曲を歌ってもヒットしてしまうのが、当時の三橋であった。

センチメンタルトーキョー（東條寿三郎・作詞　佐伯としを・作曲）

面影の街　黄昏《たそが》れて
すずかけの陰　灯が赤い
ああ君何処　うなじを垂れてひとり聞く
ながれる恋の唄
トーキョー泪ぐむ
センチメンタルトーキョー

青春の夢　囁やくは
こころに残る　可愛い顔
ああ君何処　誰かが泣いて捨てたバラ
なつかしい移り香よ

トーキョー星ひとつ
センチメンタルトーキョー

秋になると「赤い夕陽の故郷《ふるさと》」が大ヒットする。故郷を離れて暮らす一人の男が、山川やおふくろさんに想いを馳せ、「おーい」と呼びかけるところが心にしみる名曲となった。この曲は、「夕焼とんび」と共に、後にミリオンセラーを記録する。

暮れ近くなって発売された「岩手の和尚さん」は、木枯らしを擬人化した手法で歌い、民話の世界を彷彿とさせるようなコミカルな曲である。「夕焼けとんび」同様に子供たちにもよく歌われた曲であった。

赤い夕陽の故郷C 1666（作詞・横井弘／作曲・中野忠晴編曲・上野正雄 S 33.10・31 発売ＳＰ盤専用袋つき）

昭和三三年は、村田英雄がデビューした年である。後に三波春夫と並び称される浪曲界出身の大物だが、浪曲の世界では村田の方が格上であった。五歳で酒井雲に弟子入りした村田は、酒井雲坊の名前で活躍する。一三歳で真打になり、すでに一四歳の時には一座を組んで巡業していたほどだった。

「哀愁列車」を聞いて感激し、大ファンになった村田と三橋のその後の交友は有名である。その村田が歌謡界でデビューできたのは、ラジオから流れる村田の浪曲を聞き、腹に響く男らしい声に惚れ込んだ、古賀政男のお蔭だったという。

デビュー曲「無法松の一生」は、浪曲ファンならお馴染みの出し物を、歌謡曲に仕立てたものである。しかし、発売当初はあまり話題にならず、売れたのは三六年に「王将」が出てからであった。昭和歌謡を彩った大物歌手たちは、実力はありながら初めはみんな苦労したのだ。

無法松の一生（吉野夫二郎・作詞　古賀政男・作曲）

小倉生まれで　玄海育ち
口も荒いが　気も荒い
無法一代　涙を捨てて
度胸千両で　生きる身の
男一代　無法松

泣くな嘆くな　男じゃないか
どうせ実らぬ　恋じゃもの
愚痴や未練は　玄界灘に

捨てて太鼓の　乱れ打ち
夢も通えよ　女男波《めおとなみ》

この年、忘れてならないのはロカビリーブームであろう。エルビス・プレスリー、ポール・アンカ、ニール・セダカ、チャック・ベリーなどの曲が日本に入ってきたことから、それまでの歌謡曲に飽き足らなかった世代に、大いに受け入れられたのである。

有楽町の日劇で二月に開催された「第一回　日劇ウエスタンカーニバル」に出演し、一躍スターとなるミッキー・カーチス、平尾昌章（後に昌晃）、山下敬二郎などは、初めは「ジャズ喫茶」で歌っていた。このころ有名だったのは、銀座の「ＡＣＢ（アシベ）」「三松」、新宿の「テネシー」などである。

ジャズ喫茶での熱狂的な人気に目を付けた渡辺プロダクションが企画し、人気者を一堂に集めようということになり、日劇で開催されることになったのだ。ウエスタンカーニバルは、その後昭和五二年まで続くことになる。このイベントが大成功を収めた渡辺プロは、その後隆盛を極めていく。

このとき新人としてデビューしたのが、水原弘、井上ひろし（当時は博）、守屋浩の「三人ひろし」で、いずれも後に歌謡曲でデビューし人気者になる。また、すでに「青春サイクリング」などのヒットで人気のあった小坂一也や、ジャズシンガーの水谷良江（後の二代目水谷八重子）

も出演している。

この年ヒットしたのは、美空ひばり「花笠道中」、若原一郎「おーい中村君」、神戸一郎「銀座九丁目は水の上」、石原裕次郎「嵐を呼ぶ男」、島倉千代子「からたち日記」、平尾昌晃「星はなんでも知っている」、春日八郎「別れの燈台」、和田弘とマヒナ・スターズ「泣かないで」、松山恵子「だから言ったじゃないの」などである。

後に評判となる丸山明宏（現在の美輪明宏）も、このころ銀座の「銀巴里」などで歌っており、シャンソンを日本語訳した「メケ・メケ」がヒットしていた。

歌謡界では、もう一つ忘れてはならない出来事があった。「一週間のご無沙汰でした」という玉置宏の名司会ぶりが印象に残る「ロッテ歌のアルバム」が始まったことである。その後一九年の長きにわたって続く人気番組となり、時代を彩る人気歌手のほとんどが出演している。

ちなみに、この番組の司会に推挙してくれたのが三橋美智也だった、と玉置は生前に自身のブログで明らかにしている。これをきっかけに文化放送をやめて司会業に専念することになった玉置は、三橋の追悼番組でこのことに触れ、「三橋さんはぼくの一番の恩人です」と語っている
この年は、読売巨人軍に入団したばかりの長嶋茂雄が春から大活躍し、長嶋ブームにわいた。秋には皇太子妃に決まった正田美智子さんのミッチー・ブームが起き、ちょうどそのころ、なべ底不況は終息に向かっている。

初めて一万円札が発行され、インスタントラーメンが発売されたこの年、東京タワーが完成し

ている。

昭和三四年　歌謡界の王者として君臨

この年、三橋は全部で三〇曲もの新曲を発表しており、これまでで最多となった。数が多いということは、それだけ売れるということであり、三橋が全盛期を迎えたあかしでもあった。名実ともに歌謡界の王者になったのは、この年といってよいのではないか。

二月発売の「笛吹峠」は、三橋には珍しい男女の別れの歌である。といってもどろどろとした男女の情念ではなく、女性を都に残してひとり信濃路を行く男の悲しく淋しい思いを歌ったものである。

その後も「夢で逢えるさ」「かすりの女《むすめ》と背広の男」と別れの曲が続くが、大ヒットにはならなかった。さしもの三橋も大ヒットが途切れるのかとファンをやきもきさせたが、六月に「古城」が発売されたことで、その思いも杞憂に終わる。

「古城」は、三橋の曲をすでに何曲も書いている高橋掬太郎作詞、「おさげと花と地蔵さんと」のヒットがある細川潤一の作曲であった。「荒城の月」のような感じの曲ができないかというスタッフの思いから生まれたこの曲は、生涯最大のヒットを記録する。その年のうちに約七〇万枚を売り上げ、最終的には三〇〇万枚に達したのである。

この曲のモデルはどこかと話題になったが、石川県能登半島の七尾城といわれており、歌碑が建てられている。

いずれにしろこの曲が大いに受け入れられたのは、名曲であることはもちろんだが、城の栄枯盛衰を格調高く歌い上げた三橋の歌唱力にあったのは間違いないだろう。この曲には、三橋の特徴である民謡調の節回しは使われておらず、淡々とした歌い方がかえって歴史への郷愁を強く表現しているように思う。

三橋の公演の司会を長くつとめた玉置宏が、「この曲は三橋美智也が歌わなければ大ヒットにはならなかったのではないか。当時最高の人気歌手が歌ったからこそのヒットではないか」というような発言をラジオ番組の中でしていたのを聞いたことがあった。まさにその通りだと納得したものである。

当時の歌謡曲の大半が、男女の恋や別れ、故郷への思いなどを歌っており、城を主人公にしたこの曲が、これほど売れるとはキングレコード関係者も思わなかったに違いない。

古城（高橋掬太郎・作詞　細川潤一・作曲）

松風騒ぐ　丘の上
古城よ独《ひと》り　何偲ぶ

栄華の夢を　胸に追い
あゝ　仰げば侘し　天守閣

崩れしままの　石垣に
哀れを誘う　病葉《わくらば》や
矢弾《やだま》のあとの　ここかしこ
あゝ　往古《むかし》を語る　大手門

この後の「たった一人の人でした」は、恋に破れた切ない女の思いを歌い、「泣くなよしきり」と「東京が泣いている」では、逆に別れた女性を偲ぶ男の心情を歌っている。ちなみに、「東京が泣いている」は三橋には珍しい都会調の曲であった。

暮れになって発売された「北海の終列車」は、いわゆる列車ものの第二弾である。前作「哀愁列車」のようなミリオンヒットにはならなかったが、この曲の方が好きだというファンも多い。少し暗い感じはあるが、いかにも北国らしい終列車の風情を歌ったこの曲も、三橋の持ち味の哀愁を帯びた高音が響き渡るのである。

古城C 1735（作詞・高橋掬太郎／作曲・細川潤一S 34.6.21 発売 EP・SP盤歌詞カード兼用）

北海の終列車（高橋掬太郎・作詞　中野忠晴・作曲）

深い夜霧に　汽笛を鳴らし
あゝ　北海の　終列車
心に消えぬ　まぼろしの
君の名呼べば　胸痛く
涙にじむよ　にじむよ涙

恋に破れて　都を捨てて
あゝ　北海の　終列車
思い出遠く　ふり向けば
車窓《まど》打つ風も　身を責めて
つきぬなごりの　なごりのつらさ

昭和三四年には、前半と後半にそれぞれ大きな出来事があった。四月の皇太子ご成婚と第一回日本レコード大賞の発表である。

ご成婚のあったこの年、テレビ受像機の家庭への普及が急速に伸びて、それまでのラジオからテレビへと時代が大きく変わりつつあった。歌謡曲もテレビで歌手を見ながら聞けるようになっていったのである。

ご成婚を祝福する歌謡曲が多く作られたこの年、石原裕次郎「世界を駆ける恋」、及川三千代「お嫁に行くなら好きな人」、初代コロムビアローズ「ロマンス・ガイド」、白根一男「夕映えのテニスコート」などが世に出ている。

反対に別れの歌を持つ歌手は、放送からシャットアウトされてしまうという、理不尽とも思える出来事も起きている。神戸一郎「別れたっていいじゃないか」、松山恵子「お別れ公衆電話」などである。

これは放送自粛規制に引っ掛かったためであった。この年の前半に出た三橋の別れの歌が大ヒットにならなかったのも、こうした世相が微妙に影響していたのかもしれない。

日本レコード大賞が生まれるきっかけになったのは、前年にアメリカで制定されたグラミー賞であった。日本作曲家協会の提唱によるもので、前年の一一月一日からその年の一〇月末日までに発表された歌謡曲・童謡の中から、芸術性、独創性、大衆性に優れた曲を選ぶことになったのだ。

現在と同様に各部門賞は大賞が選出される前に決まっており、最後の大賞に決まったのは、永六輔作詞、中村八大作曲の「黒い花びら」であった。歌ったのはロカビリーのスターだった水原弘。ロカビリー映画「青春を賭けろ」の挿入歌で、締切日直前にたまたま永と会った中村が、詩を永に頼むと同時に急いで一〇曲ほど作曲したうちの一曲だった。

受賞が決まったとき、「レコード大賞って何?」と水原が聞いたのは、有名な逸話である。それまで永は一度も作詞したことがなく、ぶっつけ本番の作業が栄冠を勝ち取ってしまうのだから、世の中は面白い。

タイトルに使われた「黒」は、暗いイメージがありそれまでの歌謡曲ではほとんど使われていなかったが、かえって新鮮な印象を与えたのである。折しも、松本清張の「日本の黒い霧」や「黒い画集」が評判になっていたという世相も後押ししたのだろう。

ザ・ピーナッツが、洋楽のカバー曲「可愛い花」でデビューしたのもこの年である。前年に日本中を熱狂させたロカビリーブームは早くも下火となり、代わって起こったのが洋楽のカバーブームだった。坂本九、ジェリー藤尾、森山加代子などが現れたのもこのころである。

この年他にヒットしたのは、ペギー葉山「南国土佐を後にして」、スリー・キャッツ「黄色いサクランボ」、守屋浩「僕は泣いちっち」、フランク永井「夜霧に消えたチャコ」、フランクと松尾和子の「東京ナイトクラブ」、三波春夫「大利根無情」、小林旭「ギターを持った渡り鳥」、春日八郎「山の吊橋」、こまどり姉妹「浅草姉妹」などである。

この年から始まった好景気は、「岩戸景気」と呼ばれて三六年いっぱい続き、高度経済成長時代の幕開けとなった。

初めての天覧試合となった巨人・阪神戦で長嶋と王がそろってホームランを打ち、いわゆるO

N時代の幕開けとなったのもこの年で、「にあんちゃん」が映画で評判となり、原作もベストセラーになっている。
また、子供たちに絶大な人気を博したのが、三三年に始まった川内康範原作のテレビドラマ「月光仮面」であった。風呂敷を首に巻いて駆け回って遊んだ方も多いのではないか。主題歌も三船浩が歌いヒットしている。

黒い花びら（永六輔・作詞　中村八大・作曲）

黒い花びら　静かに散った
あの人は帰らぬ　遠い夢
俺は知ってる
恋の悲しさ　恋の苦しさ
だから　だから
もう恋なんか
したくない　したくないのさ

黒い花びら　涙に浮かべ

今は亡いあの人　あゝ初恋
俺は知ってる
恋の淋しさ　恋の切なさ
だから　だから
もう恋なんか
したくない　したくないのさ

昭和三五年、三六年　人気の頂点から円熟期へ

三五年前半の三橋は、「大江戸まつり唄」「あゝ故郷《ふるさと》」「みかんの故里《ふるさと》」「ねずみがチュー」などをヒットさせたものの、前年までの活躍と比べて、やや見劣りがしたのは否めない。

カラーテレビの本放送が開始された九月に発売された「あゝ大阪城」は、「古城」を意識した曲で、前作と違いごろ回しが入っている。落城の無念さや悲壮感が漂い、前作に劣らない曲に仕上がっているが、二番煎じとの声もあり大ヒットとはならなかった。

これには翌一〇月に出た「達者でナ」が影響したようである。というのもこの曲は発売と同時に大ヒットとなり、後に二二〇万枚のミリオンセラーを記録するほどの人気だったのだ。「あゝ大阪城」はそのあおりを受けたともいえる。

「達者でナ」は、横井弘作詞、中野忠晴作曲。いつくしんで育てた馬が買われて町に行くことになり、その別れを歌ったものである。三橋が得意とするふるさと歌謡の傑作のひとつといえよう。これを最後に三橋にはふるさと歌謡の大ヒットは出ていない。

この曲ではひとつ面白い指摘がある。基調となっているのが、あのラテンの名曲「タブー」だというのだ。そう、加藤茶が「ドリフの全員集合」の中でストリッパーの格好をして「ちょっとだけよ」と言うときにかかるあの曲なのだ。言われてみるとそのように思えてくるから不思議である。

また、民謡調なのに洋楽の味わいもあり、歌がところどころ一人二重唱するというテクニックが評判になったのは事実で、このあたりに大ヒットにつながった秘密があるようだ。

なお、この一〇月、社会党委員長の浅沼稲次郎が日比谷公会堂で行われた立会演説会の檀上で、一七歳の少年に刺殺されるという痛ましい事件が起きている。

達者でナ（横井弘・作詞　中野忠晴・作曲）

わらにまみれてヨー　育てた栗毛
きょうは買われてヨー　町へ行く
オーラ　オーラ　達者でナ

オーラ　オーラ　かぜひくな
あゝかぜひくな
離す手綱が　ふるえふるえるぜ

俺が泣くときゃヨー　お前も泣いて
ともに走ったヨー　丘の道
オーラ　オーラ　達者でナ
オーラ　オーラ　忘れるな
あゝ忘れるな
月の河原を　思い思い出を

この年、三橋にとって異色のヒットとなったのが、少年少女向けテレビドラマ「快傑ハリマオ」の主題歌「快傑ハリマオの歌」である。勇壮で明るいこの曲を覚えている六〇代の方は多いはずである。

このころ、三橋人気は頂点に達しており、円熟期へと向かうのである。

快傑ハリマオの歌ＥＣ-49（作詞・加藤省吾／作曲・小川寛興Ｓ 35.4.5 より放映開始）

達者でナＥＢ 421（作詞・横井弘／作曲・中野忠晴／編曲・上野正雄Ｓ 35.10 発売ＥＰ盤専用袋つき）EP 盤

三六年に入ると、世間は池田隼人内閣が発表した「所得倍増計画」にわいた。久々の明るい話題に、人々は半信半疑ながらも大きな期待を抱いたのだ。

そうした四月に「雨の九段坂」がヒットする。どこか「東京見物」を思わせる調子の曲だが、戦争で亡くなった息子を偲び、母親が九段の靖国神社を訪れる内容のもので、なんとも物悲しい曲であった。

そして五月、詩吟入りの格調高い「武田節」が世に出る。この曲はもともとは、地元山梨県の公務員だった沢登初義の、故郷を歌う曲があればとの願いから昭和三〇年に作られたものである。県民の間でも最初はほとんど知られていなかったのだ。三橋のレコードも当初は「新民謡」として発売され、詩吟は入っていない。

この曲に目を付けたキングレコードが、山口俊郎に編曲を依頼し出来上がったのが、現在の「武田節」である。三橋が吹き込むことによって全国に知られるようになる。この曲はロングヒットとなり、最終的には一〇〇万枚を軽く超えるミリオンセラーとなった。風林火山の詩吟が入ったことで、荘厳な感じがより一層強くなっている。

武田節～詩吟「風林火山」入り～（米山愛紫・作詞　明本京静・作曲　山口俊郎編曲）

甲斐の山々　陽に映えて

われ出陣に　憂いなし
おのおの馬は　飼いたるや
妻子に恙《つつが》　あらざるや　あらざるや

祖霊まします　この山河
敵にふませて　なるものか
人は石垣　人は城
情けは味方　仇《あだ》は敵　仇は敵

（詩　吟）
疾風《ときこと》の如く
徐《しず》かなること林の如し
侵掠《しんりゃく》すること　火の如く
動か不《ざ》ること　山の如し

この後、列車ものの第三弾「北海道函館本線」、ちょっとコミカルに夫婦の愛情を歌った「アヤヤアパパ」、別れた女性を思い高原をさまよう「懐しの高原」などを経て、一一月に「石狩川悲歌《エレジー》」が発売される。

ちょうどそのころ、「北上夜曲」や「北上河原の初恋」などの抒情的な初恋の歌が流行しており、三橋には珍しい初恋の歌は、多くの若いファンをつかんだのである。翌年にかけて売れたこの曲も、ミリオンヒットとなった。

石狩川悲歌《エレジー》（高橋掬太郎・作詞　江口浩司・作曲）

君と歩いた　石狩の
流れの岸の　幾曲がり
思い出ばかり　心に続く
あゝ　初恋の　遠い日よ

ひとり仰げば　ただわびし
木立の丘の　日昏れ雲
黒髪清く　瞼に消えぬ
あゝ　初恋の　面影よ

三五年は、橋幸夫が一七歳で彗星の如くデビューした年である。橋は最初は作曲家・遠藤実の愛弟子だった。遠藤の勧めでコロムビアレコードのテストを受けたが、若すぎるという理由から落とされてしまう。遠藤は内心怒り心頭だったが、橋の将来を考えビクターレコードを受けさせる。こちらはみごと合格となった。

しかし、愛弟子とはいえ、レコード会社が違う橋に曲を提供できない。当時は専属制の制約があり、会社をまたいでの提供は無理だったのである。吉田正の門下生となった橋が「潮来笠」でさっそうとデビューしたのは、ご存じのとおりである。

ここに実は隠れた面白いエピソードがあるのだ。長田暁二の「歌謡曲おもしろこぼれ話」から引用しよう。

（略）もしも、コロムビアにすんなり合格していたら、ひょっとしたら橋幸夫が舟木一夫の芸名でデビューしたかもしれないのだ。というのは、その遠藤が、こんど新人の男性がデビューするときに、と温めていた芸名が「舟木一夫」で、表から見ても裏からみても同じ字のため縁起がいい、と言われた姓名だったからである。

もし橋が舟木一夫としてデビューしていたら、舟木はなんという芸名だったのだろう。人生がちょっとした運命のいたずらで変わってしまうのが、何とも面白いではないか。橋のデビュー曲は当然、「潮来笠」ではないのだから、どんな曲が選ばれたのか興味深い。まさか、「高校三年生」ではないだろうが。

潮来笠（佐伯孝夫・作詞　吉田正・作曲）

潮来の伊太郎　ちょっと見なれば
薄情そうな　渡り鳥
それでいいのさ　あの移り気な
風が吹くまま西東
なのにヨー
なぜに眼に浮く　潮来笠

田笠《たがた》の紅緒が　ちらつくようじゃ
振り分け荷物　重かろに
わけは聞くなと　笑ってみせる
粋な単衣の腕まくり
なのにヨー
後髪引く　潮来笠

この年は、リバイバルブームの年であった。前年に発表された村田英雄「人生劇場」、佐川ミツオ「無情の夢」、井上ひろし「雨に咲く花」、小林旭「ダンチョネ節」、森山加代子「じんじろげ」などはすべて戦前のヒット曲のリバイバルなのだ。

他には、美空ひばりの「哀愁波止場」、藤島桓夫「月の法善寺横丁」、花村菊江「潮来花嫁さん」、松尾和子「誰よりも君を愛す」、和田弘とマヒナスターズ「お百度恋さん」、三波春夫「一本刀土俵入」、守屋浩「有難や節」などがヒットした。

西田佐知子の「アカシアの雨がやむとき」もこの年に出たが、ヒットするのは翌年になってからだった。

また、ロカビリーブームの影響から、たくさんの洋楽のカバー曲も生まれた。森山加代子「月影のナポリ」、坂本九「悲しき六〇歳」、ザ・ピーナッツ「情熱の花」などである。

この年は安保闘争で世情が騒がしかったが、岩戸景気が続き景気は良かった。テレビの受信契約数は、五〇〇万台を突破し、後にプロレス界を二分する人気者となるジャイアント馬場とアントニオ猪木が、共に全日本プロレスに入団している。ダッコちゃん人形が爆発的な大流行となったのもこの年であった。

三六年は、小林旭の「北帰行」と「惜別の歌」、和田弘とマヒナスターズ・多摩幸子「北上夜曲」、ダーク・ダックス他の「山のロザリア」「山男の唄」など、歌声喫茶で盛んに歌われた曲がヒットし、こうした曲を歌うコーラスグループが人気を博した年だった。「北上夜曲」は、歌声喫茶でのリクエストが、当時一番多かったという。

ダーク・ダックス以外では、ボニー・ジャックス、デューク・エイセス、スリー・グレイセスなどが、その品の良さと清潔感あふれる歌唱で人気を集めた。

洋楽のカバー曲も依然として人気があり、田代みどり「バイナップル・プリンセス」、佐々木功「GIブルース」、森山加代子や弘田三枝子の「ボーイハント」、飯田久彦の「悲しき街角」と「ルイジアナ・ママ」、西田佐知子「コーヒー・ルンバ」などがヒットしている。

その中で気を吐いたのがフランク永井である。戦前に楠木繁夫が吹き込んだ「君恋し」を都会的なアレンジで見事によみがえらせ、この年のレコード大賞を獲得している。

渡辺マリ「東京ドドンパ娘」、松島アキラ「湖愁」、植木等とクレイジー・キャッツ「スーダラ節」、こまどり姉妹「ソーラン渡り鳥」、石原裕次郎と牧村旬子のデュエット「銀座の恋の物語」、島倉千代子「恋しているんだもン」、仲宗根美樹「川は流れる」、アイ・ジョージ「硝子のジョニー」、五月みどり「おひまなら来てね」、白根一男「はたちの詩集」、村田英雄「王将」がヒットしたのもこの年だった。

そして一二月、後に国民的な人気者となった坂本九の、ジャズのような独特の節回しで歌う「上を向いて歩こう」が発売された。永六輔作詞、中村八大作曲のこの曲が大ヒットするのは、NHKのテレビ番組「夢で逢いましょう」で盛んに流れる翌年からであった。後に「スキヤキ」

のタイトルで全米ナンバーワンヒットを記録し、ゴールドディスクを獲得したのは周知の事実である。

北上夜曲（菊地規・作詞　安藤睦夫・作曲）

匂い優しい　白百合の
濡れているよな　あの瞳
思い出すのは　思い出すのは
北上河原の　月の夜

宵の灯《ともしび》　点《とも》すころ
心ほのかな　初恋を
思い出すのは　思い出すのは
北上河原の　せせらぎよ

この年も景気は良く、スキーや登山などのレジャーが盛んとなり、相撲界では大鵬と柏戸がそろって横綱に昇進し、「巨人、大鵬、卵焼き」ともてはやされた。実質経済成長率は、高度経済成長期最大の一四・五％を記録している。

また、ソ連が世界初の有人宇宙船ボストーク一号の打ち上げに成功。帰還後にガガーリン少佐が言った「地球は青かった」が流行語になっている。

昭和三七、三八年　レコード大賞最優秀歌唱賞受賞

三七年最初のヒットは、三月に出た「津軽の三男坊」である。軽快さの中にコミカルな味わいのあるこの曲は、五月に発売された「星屑の町」の絶大な人気に押され、売り上げはそれほど伸びなかった。

東条寿三郎作詞の「星屑の町」は、ジャズやポップスに精通した安部芳明に作曲を依頼したものである。カントリー・ウエスタンの趣があり、当時流行していたドドンパのリズムを取り入れたこの曲を手にしたとき、

（これはひょっとすると、私の代表曲のひとつになるのではないか）

と思ったという。

レコーディングに立ち会った安部にも

星屑の町ＥＢ 669（作詞・東条壽三郎／作曲・安部芳明Ｓ 37.5 発売）

「上出来だよ。これでヤングのお客さんもついてくる」

と労をねぎらわれたとも「人生演歌」で述べている。

そして、その予感はみごとに的中する。発売と同時に好調な売れ行きをみせたこの曲は、若者の支持を集め爆発的な大ヒットとなったのだ。最終的な売り上げは、「リンゴ村から」と並ぶ二七〇万枚に達し、三橋の代表曲となった。

年末恒例となったレコード大賞では、最有力候補として橋幸夫と吉永小百合のデュエット曲「いつでも夢を」と最後まで争うことになる。残念ながら受賞は逃したものの、歌手として最高の栄誉である最優秀歌唱賞を受賞したのであった。

ちょうどこの年に放送が始まった文化放送をキー局にした「全国歌謡ベストテン」では、一位を独走し、なんと二九週に渡ってベストテンにランクされている。

この曲が、民話で名高い岩手県遠野市をイメージして作詞されたものであることを御存知だろうか。作詞した東条が後に明らかにしている。

この五月にはアメリカのテレビドラマ「ベン・ケーシー」と藤田まこと主演の「てなもんや三度笠」が放送を開始し、いずれも大人気となっている。

星屑の町（東條寿三郎・作詞　安部芳明・作曲）

両手を回して　帰ろ　揺れながら
涙の中を　たったひとりで
やさしかった　夢にはぐれず
瞼を閉じて　帰ろ
まだ遠い　赤いともしび

指笛吹いて　帰ろ　揺れながら
星屑わけて　町を離れて
忘れない　花のかずかず
瞼を閉じて　帰ろ
思い出の　道をひとすじ

六月の「新選組の歌」は、子母澤寛原作の「新撰組始末記」を原作としたテレビドラマの主題歌である。当時の歌謡界には、ドラマの主題歌はそれが放送されているテレビ局以外が放送する歌番組では歌わない、という暗黙の了解があったらしく、この歌もテレビで聞く機会が少なく、知らない人も多い。

この年は、歌謡界デビュー一〇周年に当たっていた。その記念曲が八月に発売された「歌ひとすじに」である。高橋掬太郎作詞、細川潤一作曲のこの歌を知る人は今では少なくなったが、若いころの夢を実現し、「歌い続けた歌の数々」を振り返える、歌いやすい仕上がりになっている。ぜひ、カラオケに入れてもらいたい曲である。

一一月、久々のマドロスもの「マドロス稼業はやめられぬ」が発売され、一二月の「流れ星だよ」と続く。美空ひばりと小林旭が結婚したのは、一一月五日のことであった。


三八年は、「星屑の町」ヒットの余韻が残る中で明けた。「流れ星だよ」が好調の一月、早くも新曲が発売された。獅子文六原作のテレビドラマ「大番」の主題歌である。後に「寅さん」もので大人気を博す渥美清が、実在の相場師を演じて初めて主役を射止めたドラマであることは、案外知られていない。

渥美はそれまでNHKの「夢で逢いましょう」や「若い季節」などに出演し、一部に人気を得ていたが、一躍脚光を浴びたのが「大番」だった。視聴率は好調で、ドラマ人気と相俟って主題歌もジワジワとヒットする。

文化放送の「全国歌謡ベストテン」では、人気歌手に成長した橋幸夫の「舞子はん」と一位争いを一〇何週にも渡って続け、ベストテンに三〇週もとどまる息の長い人気を得ている。

大番（夢虹二・作詞　櫻田誠一・作曲）

売った買ったの　一《ひ》と声に
金が渦巻く　兜町
今は宿無しとんびでも
大番一代
抱いた希《ねが》いを　誰が知ろ

銀杏《いちょう》返しが　泣いたとて
なんで所帯を　持てようか
恋じゃさらさらないけれど
大番一代
胸に天女が　住むものを

そして六月二三日、東京文化会館で皇太子ご夫妻（現在の今上天皇）出席のもと、あるイベントが開催される。翌年の東京オリンピック開催を前に作られた「東京五輪音頭」の発表会であった。作曲した古賀政男をはじめ、政財界、放送界、芸能界のお歴々が居並ぶ前で、この曲を披露したのが三橋であった。その模様はＮＨＫテレビが生中継している。

この曲は、後に三波春夫のいかにも音頭らしい明るい歌声が世間を席巻したが、古賀政男はもともと三橋を想定して作曲したのである。三橋に何か歌わせたいと考えていた古賀は、作曲依頼が舞い込んだこの曲を提供することに決める。しかし、大御所の古賀といえども専属制の壁は厚い。そこで、異例ともいえる録音権を開放することにしたのだ。

その結果、テイチクの三波春夫、ビクターの橋幸夫、コロムビアの北島三郎と畠山みどり、東芝の坂本九、ポリドールの大木伸夫と司富子にキングの三橋を含めた六社の競作になったのだ。三橋のレコード発売は、翌年の四月であった。

本命視されていたのは、もちろん三橋であったが、三九年の紅白歌合戦のトリを狙う三波の攻勢に敗れることになる。キングレコードはさぞあわてたことだろう。

実はこのころ、三橋にある異変が起こっていたのである。そのことが三橋の敗北に大きく関わっていたのは間違いない。その後の三橋人気に大きく影響するこの異変については、後の章で明らかにしていきたい。

その後、六月に海の男を勇壮に歌った「あゝ太平洋」、一〇月に世の中でなかなか認められない男の夢を歌った「でかいこの夢」が発売された。いずれもヒットしたものの、三〇年から切れ目なく続いていたミリオンヒットが、ついに途切れた年であった。

三七年は、前年からヒットしていた村田英雄の「王将」が大ヒットとなり、村田人気が最高潮に達した年であった。前年の紅白歌合戦で歌ったこの曲は、この年も二年連続で歌うことになるのだ。その年のヒット曲を歌うのが恒例だった紅白で、二年連続で歌うのは異例のことで、それだけロングセラーを続けたということなのである。

この年、その後の歌謡界を代表する歌手がデビューを果たす。渋谷で数年間演歌師をやっていたときに見いだされ、船村徹のもとで修行していた北島三郎である。デビューしたのは「ブンガチャ節」という変ったタイトルの曲で、一部で話題になったものの、歌詞が卑猥との理由で放送禁止になってしまう。

第二弾として発売されたのが星野哲郎作詞、船村の作曲「なみだ船」であった。北海の海で漁をするヤン衆を、独特のこぶしで語るように歌うこの曲は、大ヒットとなり北島の名はたちまち全国に広がったのである。

だが、独特の癖のある歌唱から、将来日本を代表する歌手になるとは、周囲の誰もが思わなかったという。北島も苦笑するしかないだろう。

なみだ船（星野哲郎・作詞　船村徹・作曲）

涙の終りの　ひと滴
ゴムのかっぱに　しみとおる
どうせおいらは　ヤン衆かもめ
泣くな怨むな　北海の
海に芽をふく　恋の花

クルクル帆綱を　巻きあげて
暁《あけ》の千島を　忍び立ち
あてにゃすまいぞ　ヤン衆かもめ
舵であやつる　船のよに
女心は　ままならぬ

巫女さんスタイルで浪曲調の曲を立て続けにヒットさせた畠山みどりも、この年のデビューである。「恋は神代の昔から」は、ギンギラギンのその衣装と扇子の使い方が受けて大ヒットとなった。

この年は、映画スターの歌が流行した年でもあった。その一人が橋幸夫とデュエットしてレコード大賞に輝いた、「いつでも夢を」の吉永小百合である。吉永は、この年「寒い朝」がすでに評判になっており、映画では「キューポラのある街」が大ヒットしていた。

倍賞千恵子は、松竹歌劇団（ＳＫＤ）のダンサーから映画界に転じ、「下町の太陽」で一躍スターダムに駆け上がった。美声でのびやかな高音が魅力であった。吉永も倍賞も、そのさわやかで素直な歌唱と庶民的な親しみやすさで、大人気となったのである。

この年は他に、藤木孝「ツイスト、ナンバー・ワン」、中尾ミエ「可愛いベイビー」、ジェリー藤尾「遠くに行きたい」、北原謙二「若いふたり」、鈴木やすし「ジェニ・ジェニ」、植木等「ハイそれまでよ」、弘田三枝子「ヴァケーション」などポップス系の歌手の歌が一斉にヒットした。また、橋幸夫「江梨子」、五月みどり「一週間に十日来い」、フランク永井「霧子のタンゴ」、田端義夫「島育ち」、石原裕次郎「赤いハンカチ」、美空ひばり「哀愁出船」もヒットしている。

この年は、テレビ受信契約数が一千万を超え、東京都の常住人口が一千万人を突破して世界最初の一千万都市になった。

一〇月にはキューバにソ連のミサイル基地が建設されているという情報に基づき、アメリカがキューバの海上封鎖を実行し、あわや核戦争かといういわゆるキューバ危機が起きている。若者たちの間でツイストが流行したのもこの年であった。

三八年は、青春歌謡が爆発的な人気を得た年であった。団塊の世代が中学三年から高校二年になったこの年、この世代をターゲットにした歌謡曲を各社が一斉に発売したからである。

そのトップバッターが、コロムビアレコードからデビューを飾り、「高校三年生」がいきなりミリオンセラーになった舟木一夫である。

舟木は、遠藤実に師事し一八歳でのデビューだったが、すでに高校は卒業していた。学生服で歌うよう指示したのは遠藤だったが、これが見事に当たった。素直で癖のない声と、詰襟の学生服姿のさわやかな印象が大いに受けたのである。

続いて、「修学旅行」「仲間たち」と立て続けにヒットを飛ばし、この三曲は〈学園三部作〉といわれ、舟木ブームが巻き起こったのだ。

この年、コロムビアレコードでは、ある騒動が起きていた。九月にクラウンレコードを設立する文芸部や営業部の幹部がごっそり抜けて、苦境に立たされていたのだ。それを救ったのが、舟木一夫のブームなのである。まさに舟木様様であった。

なお、北島三郎はこの騒動の後、斉藤ディレクターと共にクラウンに移籍している。

高校三年生（丘灯至夫・作詞　遠藤実・作曲）

赤い夕陽が　校舎をそめて
ニレの木陰に　弾む声
あゝ　高校三年生　ぼくら

離れ離れに　なろうとも
クラス仲間は　いつまでも
泣いた日もある　怨《うら》んだことも
思い出すだろ　なつかしく
あゝ　高校三年生　ぼくら
フォーク・ダンスの　手をとれば
甘く匂うよ　黒髪が

コロムビアに続けと、ビクターから三田明が「美しい十代」でデビューを飾る。三田も学生服でのデビューだった。舟木よりやや幼い感じの三田は、そのルックスと甘い声で人気者になっていく。昭和四〇年代前半にかけて、橋幸夫、舟木一夫、西郷輝彦の御三家と並ぶほどになるのである。

そして、久保浩「霧の中の少女」、田辺靖雄「雲に聞いておくれよ」、梓みちよ「こんにちは赤ちゃん」などが次々にヒットしていく。

「こんにちは赤ちゃん」は第四回レコード大賞を受賞し、永六輔・中村八大コンビは、第一回の「黒い花びら」に続き、早くも二度目の栄冠を手にしている。このコンビが、この時代にいかに活躍していたかが分かるだろう。

この年は他に、坂本九「見上げてごらん夜の星を」、石原裕次郎と浅丘ルリ子「夕陽の丘」、西田佐知子「エリカの花散るとき」、井沢八郎「男船」、一節太郎「浪曲子守唄」、村田英雄「柔道一代」、守屋浩と島倉千代子「星空に両手を」、畠山みどり「出世街道」、三沢あけみに和田弘とマヒナスターズ「島のブルース」、美空ひばり「関東春雨傘」などがヒットした。

三五年から大ヒットに恵まれなかった春日八郎は、「長崎の女《ひと》」が大ヒットとなり低迷期を脱している。以後「女《ひと》」シリーズとして、「倉敷の女」「雪国の女」「霧島の女」「花かげの女」などがヒットしていく。

三八年は、三橋に大ヒットがなかったと前に触れたが、不思議なことに美空ひばり、島倉千代子、三波春夫、村田英雄、フランク永井など、油の乗り切っていた人気歌手のうち、春日八郎を除けば誰からも大ヒットは生まれなかった。

新旧交代のかすかな予兆の感じられた年だったことは、後になって明らかになるのである。

この年、紅白歌合戦の視聴率が歴代最高の八一、四%を記録する。以後、八〇%を超したのは昭和四七年の一度だけであった。

世相としては、翌三九年の東京オリンピックを控え、建設業界を中心に特需が起こり活気のあった時代である。一一月に日米初めての衛星中継が行われ、アメリカ大統領ケネディが暗殺されたとの衝撃的なニュースが飛び込んできたのも、忘れられない出来事であった。

黒四ダムが完成、山岡荘八の「徳川家康」が大ベストセラーになり、植木等が「お呼びでない。こりゃまた失礼いたしました」のギャグで大当たりを取った年であった。

第三章　戦後歌謡の流れ・特徴

戦後のヒット曲

　この章では時代を少しさかのぼり、昭和二一年から二九年までの戦後歌謡の流れを追ってみたい。長い戦争の時代が終わり、人々の生活や心情が大きく変わっていったこの時代に、どのような曲が親しまれ、どんな曲が求められていたのか。まずはそのあたりから探ってみたい。

　人は、いつの時代であっても新しい何かを求めるものである。反対に、〈歴史は繰り返す〉という言葉のとおり、古いものにも郷愁や愛着を覚えるのだ。新しいものがいつしか古くなり、時として古いものが装いも新たによみがえることも多い。

　歌謡曲の世界にも、まさにそのような動きがみえるのである。戦後に何度かあったリバイバルブームは、その好例だろう。

　そこでまず、戦後の昭和二〇年代に流行した曲を順次紹介していきたい。その曲調が〈明るい〉か〈暗い〉か表示するとともに、歌詞の一番で表現されたキーワードとなる〈言葉〉、たとえば、名詞、人称代名詞、感嘆詞、形容詞、動詞などを羅列したいと考えている。

こうすることで、この時代のヒット曲がどのような内容だったのか、その傾向や特徴がどんなものだったのか、顕著になるはずだからである。そして、それらが必ず次の時代へとつながっていく、と考えられるからなのだ。

ただし、この方法は、わたしのオリジナルでないことをお断りしておきたい。昭和四八年六月に刊行された加太こうじ・佃実夫編著の「歌謡曲の秘密」の中で、すでに試みられているからである。

二〇年八月から二四年五月までの六一曲については、社会心理学者の南博が「日本の流行歌」で、三九年から四六年ころまでの一一〇曲については、作家の佃実夫が「愛して愛して、愛しちゃったのよ――「夢とおもかげ」以後――」の中で、それぞれ同様の方法で言葉の分析を行っている。

しかしながら、南は二五年六月から二九年にかけては対象としておらず、佃も三橋の全盛時代である三〇年から三八年にかけては対象外としており、重複はあまりないので、あえて同じ方法を用いることにしたのである。

なお、〈明るい〉と記したのは、「希望に満ちた歌」「恋の歓びの歌」「青春をおう歌する歌」「人生讃歌の歌」など暗さの感じられない曲を選んでいる。従って、歌詞に「別れ」とか「淋しい」などの言葉があっても、あくまで曲の調子で判断したものである。

〈暗い〉は、〈明るい〉に入らない曲のすべてで、静かなバラード調や穏やかに淡々と歌うような曲で、暗さをあまり感じないものも便宜上こちらに分類した。

昭和二一年

リンゴの唄　霧島昇・並木路子　明るい
赤い　青い空　口びる　リンゴの気持　可愛いや

かえり船　田端義夫　暗い
波　ゆられて　月　潮路　かえり船　故国　夢　わびしく　よみがえる

みかんの花咲く丘　川田正子　明るい
みかん　花　思い出　丘　青い　海　船　かすんでる

東京の花売り娘　岡晴夫　明るい
青い　柳　花　淋しい　愁い　いじらし　えくぼ　東京　花売り娘

悲しき竹笛　近江俊郎・奈良光枝　暗い
ひとり　都　思い哀しく　笛　はかなき　ねがい

昭和二二年

啼くな小鳩よ　岡晴夫　明るい

啼く　小鳩　未練　別りょと　胸　抱いて　面影

港が見える丘　　平野愛子　　明るい

あなた　二人　丘　桜　淋しく　汽笛　むせび泣けば　花びら　春

夢淡き東京　　藤山一郎　　明るい

柳　つばめ　銀座　待つ　春　青空　かがやく　淡き夢　東京

星の流れに　　菊池章子　　暗い

星　身　ねぐら　宿　すさむ心　涙　枯れはてた　女

夜のプラットホーム　　二葉あき子　　暗い

星　またたき　夜　プラットホーム　別れ　ベル　さよなら　君

夜霧のブルース　　ディック・ミネ　　暗い

青い　夜霧　灯影　紅い　俺ら　ひとりもの　夢　街　波の音　血

山小舎の灯　　近江俊郎　　明るい

たそがれ　灯　ほのかに　懐かしき　小路　思い出　窓　君　偲べば

風　唄　ささやく

昭和二三年

東京ブギウギ　　笠置シズ子　　明るい

東京　ブギウギ　リズム　うきうき　心　ズキズキ　わくわく　海
ひびく　踊り　世界　二人　夢　口笛　恋　燃ゆる　甘い　君　月

異国の丘　竹山逸郎・中村耕三　暗い
暮れゆく　異国　丘　友　つらかろ　せつなかろ　我慢　風　春

湯の町エレジー　近江俊郎　暗い
伊豆　山々　月　あわく　灯り　むせぶ　初恋　君　今宵　ギター

懐かしのブルース　高峰三枝子　暗い
古い日記　涙　夢　なつかしく　頬　わびしさ　ブルース　唄

東京の屋根の下　灰田勝彦　明るい
東京　屋根の下　若い　僕ら　しあわせ　恋　花　上野　アベック　口笛　希望　憧れ　都
二人　夢

憧れのハワイ航路　岡晴夫　明るい
晴れた空　風　港　ドラ　別れ　笑顔　のぞみ　潮路　憧れ　ハワイ

小判鮫の唄　小畑実　暗い
情　いつわり　濡れよか　男　胸　ともしび　浮名　紅

君待てども　平野愛子　暗い
君　待てども　宵　わびしき　花　青白き　バラ　いとし　面影　あきらめましょう

昭和二四年

青い山脈　藤山一郎・奈良光枝　明るい
若く　明るい　歌声　雪崩　花　咲く　青い　山脈　雪割桜　空　夢

長崎の鐘　藤山一郎　暗い
晴れた　青空　悲し　せつなさ　波　はかなく　いきる　なぐさめ　長崎　はげまし　鐘

銀座カンカン娘　高峰秀子　明るい
あの娘　可愛や　赤い　ブラウス　サンダル　待つ　銀座　時計
そわそわ　にやにや　カンカン娘

悲しき口笛　美空ひばり　暗い
丘　ホテル　赤い　灯　胸　明かり　消える　小雨　悲しい　口笛　恋

バラを召しませ　小畑実　明るい
若い　あこがれ　楽しい夢　二つのこころ　歓び　ロマンス　甘い花　君
青春　紅い　バラ

昭和二五年

水色のワルツ　二葉あき子　暗い

君　逢う　うれしさ　胸　水色　ハンカチ　ひそめる　身に沁みた　涙　隠したい

あざみの歌　伊藤久男　暗い

山　愁い　海　かなしみ　こころ　花園　あざみ　花

夜来香　山口淑子　暗い

あわれ　春風　嘆く　月　せつなく　香り　長き夜　涙唄　恋　夢

胸いたく　唄かなし

ダンスパーティーの夜　林伊佐緒　明るい

紅い　ドレス　君　逢った　ダンスパーティー　踊り　二人　星　きれい

山のかなたに　藤山一郎　明るい

山のかなた　あこがれて　旅　小鳥　涙　やさしの君　みどり　尾根

紅い靴のタンゴ　奈良光枝　暗い

赤い　靴　涙　知らない　乙女　夜　切なく　恋　月　嘆き

白い花の咲くころ　岡本敦郎　暗い

白い　花　ふるさと　遠い　夢　さよなら　うつむいてた　悲しかった

東京キッド　美空ひばり　明るい

歌　楽しや　東京　キッド　いき　おしゃれ　ほがらか　夢　空

チュウインガム　ビル　マンホール

昭和二六年

上海帰りのリル　津村謙　　暗い

船　見つめていた　ハマ　キャバレー　風　噂　甘い　切ない　思い出

どこにいるのか　知らないか

連絡船の唄　菅原都々子　　暗い

思い切れない　未練　テープ　切ない　女　恋ごころ　涙　波止場

ひとり　捨ててゆく　連絡船

星影の小径　　小畑実　　明るい

静かに　あなた　ささやき　アカシア　香り　アイ・ラブ・ユー

いつまでも　夢　星影

アルプスの牧場　灰田勝彦　　明るい

雲　ゆく　アルプス　牧場　鈴蘭　花　レイホー　青春　胸　鳴る　角笛

駈けてくる　愛らしい　子羊

高原の駅よさようなら　小畑実　　暗い

別れ　夜汽車　窓　云わず　心　またの逢う日　目　涙　さよなら

越後獅子の歌　美空ひばり　暗い
笛　うかれて　逆立ち　山　ふるさと　孤児　街道　ながれながれの
山のけむり　伊藤久男　暗い
山　けむり　たゆとう　森　道　幾年　消えて　流れゆく　想い出　夢
遠く　静かに　ゆれている

昭和二七年

ゲイシャ・ワルツ　神楽坂はん子　明るい
あなた　リード　島田　揺れる　チーク・ダンス　なやましさ　乱れる
裾　はずかし　うれし　芸者　ワルツ　思いで
赤いランプの終列車　春日八郎　暗い
白い　夜霧　灯り　濡れて　別れ　切ない　プラットホーム　ベル　鳴る
さらば　手　赤い　ランプ　終列車
あこがれの郵便馬車　岡本敦郎　明るい
南　丘　はるばる　郵便馬車　うれしい　便り　ひずめ　ひびき　かるく
耳　ほらほらほらほら　夢
リンゴ追分　美空ひばり　暗い

リンゴ　花びら　風　ちったよな　月夜　津軽娘　泣いた　つらい　別れ

モンテンルパの夜は更けて　渡辺はま子　暗い
モンテンルパ　夜　更けて　つのる　思い　やるせない　遠い　故郷
しのびつつ　涙　曇る　月影　優しい　母　夢

昭和二八年

君の名は　織井茂子　暗い
君　名　たずねし　人　知らず　砂山　ただひとり　浜昼顔

街のサンドイッチマン　鶴田浩二　暗い
ロイド眼鏡　えん尾服　泣いたら　つばめ　笑う　涙　空　サンドイッ
マン　俺ら　街　お道化者　とぼけ　笑顔　今日　ゆく

落ち葉しぐれ　三浦洸一　暗い
旅　落葉　しぐれ　濡れて　流れ　果てない　ギター　のぞみ　夢
はかなく　消えて　唄　涙　渡り鳥

雪の降る町を　高英男　暗い
雪　降る　町　想い出　通りすぎていく　遠い　国　おちてくる　幸福
いつの日か　ほほえみ

待ちましょう　**津村謙**　暗い
待ちましょう　やがて　来る　淋しくって　たまらぬ　朝　そよ風
逃げていく　夢　追いながら　胸　うつろ　抱きしめて

昭和二九年

お富さん　**春日八郎**　明るい
粋　黒塀　松　仇な　姿　洗い髪　死んだ　生きていた　お釈迦さま
知らぬ　仏

あなたと共に　**津村謙・吉岡妙子**　明るい
あなた　共に　行きましょう　恋　甘さ　切なさ　人　わたし　運命

岸壁の母　**菊池章子**　暗い
母　来ました　今日　また　岸壁　とどかぬ　願い　知りながら　もしや　ひかされて

高原列車は行く　**岡本敦郎**　明るい
汽車　窓　ハンケチ　降れば　牧場　乙女　花束　明るい　青空　白樺林
山　谷　越え　はるばると　ララ々　高原列車　行くよ

黒百合の歌　**織井茂子**　暗い
黒百合　恋　花　愛する　人　捧げれば　二人　いつか　結びつく

ああ　ニシバ　あげよう　あたし　大好き

以上が、昭和二〇年代に大ヒットした、時代をまさに代表する曲の数々である。他にもヒットした曲はたくさんあり、この選曲には異論もあろうが、誰もが耳にし口ずさんだ曲といえば、このあたりではないだろうか。

こうした曲の傾向や特徴について述べる前に、もう一つ面白いデータを示しておきたい。

昭和五五年一〇月中旬から下旬にかけて、明治、大正、昭和の代表的な歌の中から一〇〇三曲を選び、約三〇〇〇人を対象にＴＢＳ調査部によりアンケート調査が行われた。前例のない規模で初めて行われた画期的な調査であった。

その結果は、ノンフィクション作家の鈴木明によってまとめられ、一九八一年に「歌謡曲ベスト一〇〇〇の研究」として発行された。その中に、昭和二一年から三〇年にかけてのベスト一〇が示されている。

三〇年の「月がとっても青いから」と「別れの一本杉」以外は、すべて二〇年代の曲が選ばれており、本章で取り扱う年代にほぼ合っているので、大いに参考になるはずである。

1　青い山脈
2　雪の降る町を

3　リンゴ追分
4　お富さん
5　湯の町エレジー
6　月がとっても青いから（三〇年）
7　長崎の鐘
8　別れの一本杉（三〇年）
9　芸者ワルツ
10　異国の丘

なお、「青い山脈」は、一〇〇三曲中堂々の第一位、「雪の降る町を」は一九位、「リンゴ追分」は三四位、「お富さん」は三六位である。

三橋の曲で最高位となったのは「古城」の七八位である。三橋の曲が上位にこなかったことについて、鈴木明は盛んに不思議がっているが、三橋はヒット曲が多く票が分散したためではないか。投票は何曲行ってもよいというルールであっても、ファンとしては好きな曲だけを選び、三橋のすべての曲に票を投じたわけではないはずである。

歌詞から読み解く戦後歌謡の特徴

①曲の明るさ、多く使われた「夢」「花」「涙」

最初に戦後のヒット曲を、〈明るい〉か〈暗い〉かでみてみよう。

	明るい	暗い
二一年	3	2
二二年	4	3
二三年	3	5
二四年	3	2
二五年	3	5
二六年	2	5
二七年	2	3
二八年	1	4
二九年	3	2

〈明るい〉は、五五曲中二四曲で全体の四三・六%、〈暗い〉は、三一曲で五六・四%である。戦

後歌謡は明るい曲が多かったといわれているが、実際は〈暗い〉曲の方が多かったのである。

確かに、二一年、二二年と二四年の戦後すぐの時期は、〈明るい〉曲の方が多いから、この時の印象が強く残ったのではないか。もともと歌謡曲は、戦前の曲をみても〈暗い〉曲調のものが圧倒的に多い。戦後すぐのこの時期に〈明るい〉歌が多かったことで、印象が強烈に残ったのかもしれない。暗く不自由な戦争の時代が終わり、人々の心が一気に明るくなったことも、心理的に影響したのであろう。

戦後歌謡にもっとも多く使われた〈言葉〉は何か。それは「夢」である。今回調査した五五曲のうち、なんと一七曲に出てくるのだ。似たような意味を持つ「あこがれ」が五曲、「のぞみ・希望」が三曲あるので、計二五曲に使われており、全体の四五・五%を占めている。

「夢」は、「かえり船」や「夜霧のブルース」などの〈暗い〉曲にも九曲で使用されており、ちょっと意外な感じがしないでもない。

だが、「あこがれ」と「のぞみ・希望」はすべてが〈明るい〉曲で使用されており、一六曲は〈明るい〉曲なのである。

また、このころは作詞家や作曲家の間にも、人々を元気づけようという意識がみられ、そうした気持ちが〈明るい〉曲を積極的に生み出したともいえるようである。

次に多かったのは、「花」の一五曲である。これには「鈴蘭」「浜昼顔」「黒百合」のような固有名詞を含んでおり、「みかんの花咲く丘」「東京の屋根の下」など〈明るい〉曲が八曲ある。

三番目に多いのは、「涙」と「山」の一一曲である。「涙」は、「泣く」の四曲を含めると「花」と同様一五曲になる。

「涙」といえば連想されるのは「別れ」であろう。「別れ」は六曲あるが、親や子供との別れを歌ったものは一曲もなく、すべて男女の「別れ」がテーマになっている。似たような「さよなら」も四曲ある。これらを合計すると二一曲になり、「夢」と双璧をなす。

面白いのは、「涙」や「別れ」などの言葉は、現在の演歌でも繰り返し使われているのに対し、「夢」はあまり使われていないという事実である。

「夢」が昭和二〇年代に良く使われたのは、戦時中の暗い世相から一転して、人々に明るい未来を期待する心が生まれたことの反映、と解釈していいのではないか。時代を象徴する一過性の言葉だったように思える。

②「山」「丘」などの自然への思い

この時代には「山」も良く使われており、一一曲ある。代表的なのは、「青い山脈」「山のかなたに」「山のけむり」などで、同じような「丘」も五曲に出てくる。だが、不思議なことに現在では、「山」や「丘」を歌った曲はほとんど見当たらない。これも「演歌」が主流となった今では当然の成り行きなのかもしれない。

別の見方をすると、二〇年代の人々は、〈自然〉に対する思いが強かったのではないだろうか。

東京や大阪などの大都市に労働者が大挙して集まるのは、三〇年代以降のことである。多くの人たちが〈ふるさと〉に住んで、〈自然〉と共に生きていた時代であった。

詩人で思想家の吉本隆明は、「日本語のゆくえ」という著書の中で次のように語っていてまことに興味深い。

　結局、日本の詩というのは（略）やっぱり自然描写といいますか、自然に対してどういうふうに感じたか、どういう情操をいだいたかということが、いちばんの根本になると思えます。いまの若い人たちの詩を今度のようにがむしゃらに読んでみますと、「自然」がなくなっちゃっているということです。（略）

　つまり、日本の詩歌というのはつねに自然とかかわりをもっていて、自然を抜かしちゃった日本の詩歌はどこにもないわけです。（略）自然に対する感受性がなくなってしまっているわけです。

日本の詩歌から、〈自然〉を詠む心が失われてしまった現状を、吉本は指摘しているのである。歌謡曲の世界からも、〈自然〉は見事に消えてなくなってしまったのだ。

③色では「青」と「赤」が人気

続いて「夜」が一〇曲、「切ない」「恋」「空」が八曲、「月」が七曲、「悲しい」が六曲、「想い出（思い出）」が五曲、「さびしい」と「わびしさ」が三曲ある。

「うれしい」「楽しい」「歓び」などの気持ちの〈明るさ〉を表す言葉は、「バラを召しませ」「ゲイシャ・ワルツ」などのごく一部にみられるだけである。

また、この時代では、相手を表す二人称の言葉として、「あなた」ではなく「君」がより多く使われている。「あなた」の三曲に対し、「君」は八曲もあるのだが、今ではほとんど使われない言葉になってしまった。

それでは〈色〉は何が多いのだろうか。一番多いのは「青」の九曲で、次いで「赤・紅」の八曲、「白」と「黒」がともに二曲の順になっている。

先に紹介した「歌謡曲ベスト一〇〇〇の研究」では、戦前から戦後五五年までをトータルで男女別に分析しているので、参考までに紹介しておこう。

女性では「白」が最も好まれて、次いで「青」「茶」の順になっており、最下位は「黄」である。これに対し男性では「青」「白」「緑」の順になっており、最下位は「ピンク」である。

何かお気づきだろうか。二〇年代では人気の高い「赤」が、男女いずれにも上位にランクされていないのだ。「赤」は、明るい曲を作ろうという戦後すぐの時代に、半ば意図的に使われたように思える。

④使われなかった「愛」「ふるさと」

特筆すべきなのは、二〇年代の曲にはほとんど出てこないある言葉の存在である。現在では食傷するほど出て来るのに、この時代ではなぜかほとんど使われていないのだ。

それは、「愛」や「好き」という言葉である。「恋」は使われているが、それでもたったの八曲であり、一四・五％を占めているに過ぎない。「愛」に至っては、「黒百合の歌」で「愛する」と歌われ、「星影の小径」で「アイ・ラブ・ユー」と英語で表現されているだけなのだ。「アルプスの牧場」で「愛らしい」と歌われているが、これは子羊を対象としたもので人間ではない。

従って、男女の「恋」や「別れ」を歌っていても、恋する心の激しさや切なさなどを切々と、あるいはストレートに訴えるような表現が、歌詞の中に見当たらないのである。これも時代といえばそれまでなのだが。

また、三〇年代に流行した「ふるさと・故郷」も、この時期には三曲歌われているに過ぎない。もっとも、「ふるさと」に代わる言葉として「山」や「丘」が象徴的に使われており、歌の背景には「ふるさと」は存在していたといえる。

⑤歌われた地名

歌われた地名で最も多いのは「東京」の五曲だが、「都」も明らかに「東京」を指しているので、それを含むと六曲となる。次いで「銀座」が二曲、「長崎」「上野」「ハマ（横浜）」「ハワイ」「モンテンルパ」が各一曲となっている。戦前に多く歌われ、三〇年代に入ってから再び流行する、いわゆるご当地ソングは、この時代にはなぜか影をひそめてしまった感があった。

しかしながら、戦前もそうであったが二〇年代のご当地への関心も、「東京」と「銀座」に一極集中していたことに変わりはなかった。

こうしてみてみると、当時の歌謡曲には、未来への「夢」や「希望」があり、同時に過去へのさまざまな思いもあって、バランスが取れていたように思える。このあたりについては、後に三〇年代の三橋の曲について触れるので、その時に詳しく述べたい。

人気歌手から読み解く戦後ヒット曲の特徴

①戦前・戦時中に活躍した歌手の復活

戦後の最初のヒット曲とされる「リンゴの唄」は、女性歌手の並木路子が歌っている。最初のレコードは、霧島昇とのデュエットだったが、耳にしたのはほとんどが並木が一人で歌ったものである。なぜか霧島昇の歌声は「リンゴの唄」から、いつのまにか消えてしまったのである。

このことが象徴するように、二〇年代は女性歌手の活躍が目立った。先に並べた五五曲中二五曲は、デュエットも含めて女性が歌ったものである。女性の声の質がそもそも男性より明るく聞こえることも、この時期に明るい曲が多かったというイメージを生んだともいえそうだ。

そして、曲調もジャズ、タンゴ、ルンバ、ワルツ、ボレロ、ハワイアン、クラシックなどの多彩なリズムやメロディを取り入れている。中でもラテン系とハワイアンに人気が高かった。こうした外国の音楽は、戦時中に規制されていたこともあって一気に人気が沸騰し、多くの歌手や楽団を輩出させたのだ。

このころに結成された楽団としては、日本初のラテン系バンドである東京キューバン・ボーイズ、大橋節夫とハニー・アイランダース、バッキー白片とアロハ・ハワイアンズなどがあり、人気を誇った。これには当然、進駐軍の存在が大きな影響を与えたものと思われる。

二〇年代は、戦後はやや精彩を欠いた霧島昇、東海林太郎などを除き、戦前、戦中から活躍していた藤山一郎、ディック・ミネ、伊藤久男、田端義夫、岡晴夫、近江俊郎、灰田勝彦、渡辺はま子、高峰三枝子、二葉あき子、淡谷のり子、奈良光枝などが、戦後一、二年で復活を遂げて人気を博していた。

中でも三羽烏といわれたのが、「かえり船」の田端義夫、「山小舎の灯《ともしび》」の近江俊郎、「東京の花売娘」の岡晴夫であった。彼らは戦後いち早くヒットを飛ばし、人気者になったのである。

二三年には、戦時中に「湯島の白梅」や「勘太郎月夜唄」が大ヒットした小畑実がカムバックを果たし、やがて岡と人気を二分するようになる。

このころ、芸能雑誌「平凡」で行われた「花形歌手ベストテン」の人気投票で、二四年から二六年までの三年間一位を続けたのが岡晴夫であった。底抜けに明るいが、どこか憂いを帯びた岡の歌がこの時代に合ったといえよう。

しかしながら、その岡も二〇年代後半になると大ヒットが出ず、ささやくような歌唱法で人気となった小畑実に一位の座を奪われてしまう。小畑は二七年から二九年まで一位を続け、人気歌手の座を不動のものにしたが、三〇年にその座を春日八郎に明け渡すことになる。

その春日も三二年には三橋に一位の座を明け渡している。その後は三橋が一位を独走するのである。

この年代を通して人気を博したのは、NHKの「ラジオ歌謡」である。「朝はどこから」「さくら貝の唄」「白い花の咲くころ」「高原列車は行く」「あざみの歌」「雪の降る町を」など数多くのさわやかな、あるいは抒情的な名曲が生まれている。

②新旧交代の流れ

二〇年代から三〇年代へと移るこのころが、すでに人気が定着していた美空ひばりをはじめとし、後の人気歌手・春日八郎、三橋美智也、島倉千代子、三浦洸一、若原一郎などへとつながる過渡期だったといえる。先に述べたように新旧交代期だったのである。

これには、ポップス系の人気歌手、江利チエミや雪村いづみのデビューが大きな意味を持っていたと思われる。というのも、チエミがデビューした二六、七年ころから二九年にかけて、歌謡曲の大ヒットが少なくなったという事実があるのだ。藤山一郎、伊藤久男、灰田勝彦、高峰三枝子、二葉あき子、平野愛子などヒット曲の常連たちに陰りがみられるようになり、大人気だった岡晴夫、小畑実にも大ヒットが生まれなくなったのである。

代わってチエミの「テネシーワルツ」「カモンナ・マイハウス」などの親しみやすいカバー曲が大ヒットする。二八年にデビューを飾ったいづみも、「青いカナリア」「オー・マイ・パパ」などが大ヒット。この二人に美空ひばりを入れた三人娘が歌の世界だけではなく、映画の世界でも大人気を博したのである。

もう一つあげておきたいのは、二六年以降〈暗い〉曲調のものが増えたことである。「上海帰りのリル」「リンゴ追分」「君の名は」などの大ヒット曲は、みな物悲しい響きを持っていた。〈明るい〉曲調が多くみられるようになるのは、二九年からであった。

小畑実は、三〇年に「平凡」の人気投票で二位にとどまったものの、翌三一年も一位返り咲きはならず、三二年には一〇位にまで転落してしまう。そしてその年の紅白歌合戦を最後に突然引退してしまい、世間を驚かせたのである。

岡晴夫も三〇年に「逢いたかったぜ」がヒットしたものの、ベストテンには入らず、その後は徐々に第一線から退いてしまう。

二〇年代後半になると、春日八郎、三浦洸一、青木光一、藤島桓夫などが続々と現れる。特に春日は、二七年の「赤いランプの終列車」のヒット後、二九年に「お富さん」を大ヒットさせ、いち早く人気歌手の座を射止めている。

こうして、三橋美智也などの新しい歌手たちの時代へと変わっていったのである。

③歌手の大半が音楽学校出身

二〇年代に活躍した歌手たちには、ある大きな特徴があった。その多くが音楽学校を卒業して歌手になったという経歴を持っているということである。

学校別に列挙すると、

東洋音学学校
淡谷のり子、霧島昇、奈良光枝、菊池章子、春日八郎、三浦洸一、菅原都々子
東京音楽学校
松原操、藤山一郎、二葉あき子、楠木繁夫
帝国音楽学校
伊藤久男
武蔵野音楽学校
渡辺はま子、近江俊郎（中退）、高英男
日本音楽学校

小畑実
松竹楽劇部生徒養成所
笠置シヅ子
日本歌謡学院
平野愛子

音楽学校出身以外の主な歌手をみると、男性では東海林太郎が時事新報社の音楽コンクール声楽部門入賞、ディック・ミネがジャズ演奏とボーカルの実力を認められ、灰田勝彦が慶応大学のハワイアンバンドのボーカルを認められてのデビューであった。

女性では、高峰三枝子は女優から歌う映画スターへと転身し、並木路子が松竹歌劇団の娘役からのデビューである

こうして歌手名を並べていくと、不思議なことに気が付く。それは人気歌手の数が、思いのほか少ないということである。これは、息の長い歌手が多いということの裏返しでもある。

戦前に歌手になるための最高の登竜門となったのが音楽学校であり、入学するためには両親にそれなりの資力が必要で、一般庶民には高嶺の花だったのだ。このため、音楽学校出身者自体が非常に少なく、結果として歌手の数が限られたといえる。戦前・戦中、戦後すぐからの歌手たちは、

歌謡界ではエリートだったということなのだ。

こうした歌手の歌唱法はだいたいが似ており、素直に正攻法で歌うことがほとんどであった。総じて嫌みがなくストレートで清潔な歌い方なのだ。ビブラートを利かしたり小節を回したりといったテクニックはほとんど用いず、どちらかといえば平板な印象を人々に与えたのである。

このため、恋や愛情などの表現に必要な深い情感や心情を表すテクニックに欠けることになり、歌詞の表現に限界が生まれたような気がするのだ。このころの曲になんとなく物足りないものを感じるのは、わたしだけではないと思う。このような現実もあって、新しい歌詞の表現を求め始めた人々が、次第にこのような曲から離れて行ったのではないだろうか。

そうして、新しい歌手や曲が求められ、三〇年代の新しい流れが生まれたのだと考える。

第四章　三橋美智也の魅力・特徴

三橋美智也の曲の変遷

この章では、なぜ昭和三〇年代に三橋美智也が、あれほどまでに絶大な人気を博したのか、その魅力を探ってみたい。

民謡で鍛えられた張りがあって伸びのある高音の美声に、〈しびれた〉という人は多いだろう。三橋の声が常人にはまねのできない美声であることは、カラオケで歌った人ならば実感しているに違いない。

また、ある人は歌のうまさに魅了されただろうし、ラジオから流れる三橋の歌声を聞き、故郷の父母や兄妹を思い涙した思い出のある人も多いと思う。

だが、美声の持ち主が世間に多数存在しているのも事実である。歌のうまい人も大勢いるはずだ。そのすべての人が歌手になり、人気を博すとは限らないのである。

では、いったい人々は三橋のどんなところに魅力を感じたのだろうか。どのようにして多くのファンを魅了する歌手になれたのだろうか。その辺を解明していきたい。
まず最初に、昭和三〇年から三八年までのヒット曲の中から、ミリオンセラーを記録した二〇曲を中心に三〇曲選び、戦後歌謡五五曲と同じように歌詞を分解して列記していきたい。果たして、三橋の曲で多く使われた言葉はなんだったのか。それらの言葉から、どんなイメージが生まれたのかを探ることにする。

昭和三〇年

おんな船頭唄

嬉しがらせて　泣かせて　消えた　憎い　夜　旅　風　思い出す
ざんざら　真菰　鳴る　うつろな　胸

ご機嫌さんよ達者かね

ご機嫌　達者　おら　父　変わりなく　朝　畑仕事　月　故郷　しのび
母　たより　あゝ　なつかしさ

あゝ新撰組

加茂　河原　千鳥　騒ぐ　血の雨　涙雨　武士　生命　新撰組　きょう

島の船唄

茜陽　沈む　胸　思い　燃える　エッサホイ　海　船足　磯　待つ　エンヤコラホイ

あの娘が泣いてる波止場

思い出した　逢いたくなった　すれても　女　男心　沖　けむり

あゝ　あの娘　泣いてる　波止場

昭和三一年

男涙の子守唄

木枯らし　寒く　夜　更けて　月　身　悲し　坊や　良い子　声　涙

リンゴ村から

おぼえている　故郷　村　たより　幾年　すぎた　都　積み出す　まっか

リンゴ　つらい　俺ら　胸

哀愁列車

惚れて　行く　俺　旅　せかせる　ベル　音　つらい　ホーム　未練心　つまづいて

落とす　涙　哀愁　列車

お花ちゃん

名残り　惜しい　お互い　涙　門出　不吉　みんな　ジロジロ　見てる

悲しい　にっこり　笑って　泣いたって　あー

母恋吹雪
酔って　くだまく　父さ　声　逃げて　吹雪　夜道　つらい　気持ち
わかっちゃ　俺ら　あゝ　なぜ　あたる

昭和三二年
俺ら炭坑夫
俺ら　炭坑夫　身上　つるはし　でかい　この世　掘って　しあわせ　エンヤコラショ
東京見物
写真　見た　おっかさん　濠　二重橋　東京見物　兄貴　草葉　陰
にっこり　笑って
一本刀土俵入
角力　名乗り　やくざ　今　抱き寝　一本刀　利根　川風　まともに
吹けば　人　情　思い出す
リンゴ花咲く故郷へ
生まれ故郷　忘れて　昨夜　夢　しみじみ　泣いた　お山　雪　溶けて　白い　リンゴ
花　ちらほら　咲く
おさげと花と地蔵さんと

指　まるめて　のぞいた　黙って　みんな　泣いていた　日暮れ　空　向こう　さようなら
呼べば　遠く　おさげ　花　地蔵さん

おさらば東京

死ぬほど　つらい　恋　破れた　心　泣き泣き　行く　ひとり　想い出
消える　ところ　あばよ　東京　おさらば

昭和三三年

ギター鷗

夜　裏町　ネオン　海　きょう　ただよう　鷗　淋しく　おいら　ギター

草笛の丘

夕風　そよぐ　丘　来て　草笛　吹けば　涙　にじむ　あゝ　思い出　径
咲く　花　りんどう　君恋し

夕焼とんび

夕焼け　空　マッカッカ　とんび　くるりと　輪　かいた　ホーイのホイ
東京　見える　降りて　火傷　早くこ

センチメンタルトーキョー

面影　街　黄昏　鈴懸　径　灯　赤い　ああ　君　いずこ　うなじ

垂れて　ひとり　聞く　ながれる　恋　唄　トーキョー　涙　センチメンタル

赤い夕陽の故郷《ふるさと》

おーい　呼んでいる　赤い　夕陽　故郷　うらぶれの　旅　行く　渡り鳥
ばか　俺　山川　声　聞こえる

岩手の和尚さん

山　木枯らし　おりて来た　岩手　和尚さん　寒がり　すっぽり　かぶった　白頭巾
お里　踊ろ　笛　吹き吹き　来た

昭和三四年

笛吹峠

君　都　残し　来て　ひとり　行く　旅　信濃路　ああ　笛吹峠　風
吹けば　そよぐ　白樺　夕陽　わびし

夢で逢えるさ

泣いたって　仕方ない　今さら　どうにも　ならない　運命　何も
言わずに　別れ　短かい　間　しあわせ　ホーレ　夢　見た

古城

松風　騒ぐ　丘　古城　独り　偲ぶ　栄華　夢　胸　追い　あゝ　仰げば　わびし

天守閣

たった一人の人でした

一人　あの人　思えば　胸　しびれる　熱くなる　好きだった　ああ

女　夢　遠い

東京が泣いている

東京　泣いている　風　落ち葉　無理　はじめての　恋　砕けた　夜　俺

北海の終列車

深い　夜霧　汽笛　鳴らし　あゝ　北海　終列車　心　消えぬ　まぼろし

君　名　呼べば　胸　痛く　涙　にじむ

昭和三五年

あゝ故郷《ふるさと》

若い　生命　埋れ木　花　咲かない　わが　運命　男　泣かねど　涙

うかぶ　あゝ　故郷　山　恋し

快傑ハリマオの歌

まっかな　太陽　燃えている　果てない　南　大空　とどろきわたる

雄叫び　正しい　味方　ぼくらの

達者でナ

わら　まみれて　育てた　栗毛　きょう　買われて　町　行く　達者

オーラ　あゝ　かぜひく　離す　手綱　ふるえる

昭和三六年

武田節

甲斐　山々　陽　映えて　われ　出陣　憂い　馬　妻子　あらざる

雨の九段坂

あえぐ　洋傘　かしげて　仰ぐ　雨　けむった　大鳥居　母　来ました

かわい　おまえ　お社　ひと目　逢いたさに

石狩川悲歌《エレジー》

君　歩いた　石狩　流れ　岸　思い出　心　あゝ　初恋　遠い日

北海道函館本線

都　遥かに　今　発車　ああ　函館本線　君　名　呼ぶ　声　ベル　霧

泣く　無理　旅　ひとり

昭和三七年

津軽の三男坊

カアカア　からす　チュンチュン　すずめ　仲間　おまえたちゃ　津軽
泣いてる　わからない

星屑の町

両手　回して　帰ろ　揺れながら　涙　ひとり　やさしかった　夢
はぐれず　瞼　閉じて　遠い　赤い　ともしび

新撰組の唄

葵　花　咲く　時代　嵐　乱れて　騒ぐ　京　空　誠　旗　集い　誓う
剣　雲　切る

流れ星だよ

暗い　夜空　ちらりと　消えた　流れ星　幸福　しょせん　別れ　二人
逢わない　昔　諦め

昭和三八年

大番

売った　買った　一と声　金　渦巻く　兜町　今　宿無し　とんび
大番　一代　抱いた　願い　誰　知ろ

メノコ恋唄
月　光　照らされて　ただよい　唄う　丸木船　変らぬ　誓い　ひとみ
かがやく　ヤヤヤ　北　娘

歌詞で読み解く曲の特徴

①多く使われた「ああ・あゝ」「民謡の合いの手」「泣く」「涙」

三橋の曲に最も多く現れるのは、「ああ・あゝ」という感嘆詞である。三〇曲中実に一四曲を占めており、五〇%近い。この言葉は、嘆き悲しむときに多く使われるが、ため息や懐かしむときにも用いられており、三橋の曲の特徴をよく表しているといえよう。

たとえば「あの娘が泣いてる波止場」では「あの娘《こ》」を思い出して「あゝ」と懐かしんでおり、「母恋吹雪」では「つらくあたる父親」に対して「あゝ」と嘆き悲しんでいる。「たった一人の人でした」では別れた「あの人」を思い、「ああ」と懐かしむと同時に、ため息をついている情景を思い浮かべてしまう。

感嘆詞を多用したことで、人々の共感をより多くつかんだのである。これは戦前から戦後の二〇年代にかけて、ほとんどみられない特徴となっている。

次いで多いのが「おんな船頭唄」の「泣かせて」、「お花ちゃん」の「泣いたって」、「おさらば東京」の「泣き泣き」などさまざまな形で表現されている「泣く」の一一曲である。

「泣く」と関係の深い「涙」は八曲で、三番目に多い数字である。「あゝ新撰組」「哀愁列車」「星屑の町」などの代表曲で使用されている。

民謡の合いの手のような言葉を多用しているのも、三橋の歌の大きな特徴である。民謡調の曲が多い三橋には、当然といえば当然の結果といえよう。「島の船唄」の「エッサホイ」と「エンヤコラホイ」、「俺ら炭坑夫」の「エンヤコラショ」、「夕焼けとんび」の「ホーイのホイ」、「夢で逢えるさ」の「ホーレ」、「達者でナ」の「オーラ」、「メノコ恋唄」の「ヤヤヤ」と七例ある。

二〇年代と比較してみよう。といっても二〇年代のサンプルは五五曲、三橋は三〇曲なので、あくまで参考程度の比較である。

二〇年代に一七曲と最も多く使用された「夢」は、三橋では五曲しかなく、よく似た表現の「あこがれ」や「希望」は一曲もないのだ。

二位だった「花」は「りんどう」も含めて六曲しかなく、二〇年代の一五曲の四〇%に落ち込んでいる。三位だった「涙」が三橋の曲でもようやく上位にランクされているだけである。二〇年代で上位を占めた言葉に代わって上位に浮上したのが「泣く」であった。

二〇年代に六曲あった「別れ」は、三橋の曲ではたったの二曲に使用されているに過ぎず、ちょっと意外な感がある。代わりに「さよなら」「あばよ」「おさらば」がそれぞれ一曲ずつ使われている。

また、「恋」は六曲で二〇年代の八曲とそれほどの差はないが、「愛」は三橋でもまったく使われておらず、三橋の大きな特徴になっている。この点については、後にジャンル別に曲の特徴を見たいと思うので、ここでは触れない。

②「故郷」を表す「山」と「海」

「故郷」を表す言葉としては、「故郷」が意外と少なく四曲であるのに対し、「山」と「丘」が合わせて七曲、「海」と「磯」が合わせて四曲ある。合計すると一五曲となり、「あゝ」を上回っている。「故郷」を表現するには、直接「ふるさと」や「故郷」とするより、情景を思い浮かべる言葉を並べる方がより効果的なのだろう。

また、「夜」と「俺・俺ら」が共に八曲で、「涙」に並ぶ頻度となっている。「夜」は二〇年代も多かったが、「俺・俺ら」はほとんどなかった表現である。「俺・俺ら」は三〇年代に入って、なぜか急に増えたのである。

次いで孤独を表す「ひとり・一人」が七曲、「君」と「胸」が六曲ずつである。「旅」と「行く」も三橋の曲では五曲ずつ表現されており、これらの言葉は二〇年代にはほとんど見られなかったのである。

戦前から活躍した著名な詩人であり歌謡曲の作詞家でもあった西條八十は、すぐれた歌謡曲の条件として、「着想が新しいこと」と「新しい表現」の二つが必要としている。それが三橋の歌詞にもはっきりと表れているのが分かる。

また、「繰り返し句」「謡《うたい》の長さ」「畳句《たたみく》の使用」についても、その効用を説いている。三橋の場合も「哀愁列車」の「惚れて　惚れて」や「お花ちゃん」の「泣いたって　泣いたって」などの「繰り返し句」が使われている。

「畳句」では、「おさげと花と地蔵さんと」で「さようなら　耳をすませば　さようなら」と畳み掛けるように歌うのが印象的であった。

「謡の長さ」について西條は、最後の二行が繰り返し句になっていない限り、四行程度がよいといっているが、三橋の曲は五行から六行の歌詞が多いようである。

③歌われた色と地名

「色」では何が多いのか。明るいイメージの「赤」が七曲あり最も多い。それに「赤」をイメージする「夕陽」と「太陽・陽」の各二曲、「夕焼け」の一曲を加えると一一曲に達する。「白」は二曲で、二〇年代に多かった「青」など他の色はまったく出てこない。三橋には物悲しく、哀愁を帯びたヒット曲が多いが、それでもあまり暗さを感じないのは、この辺りにも秘密がありそうである。

「地名」では、「東京」の五曲と「都」の三曲が多く、「東京」の地名ではほかに「兜町」「二重橋」が歌われている。他には「京」と「加茂」が「京都」を歌い、「甲斐」「信濃路」「津軽」「岩手」「利根」「石狩」「笛吹峠」など多彩である。

他の言葉では「声」と「遠い」が四曲ずつある。二〇年代にはほとんど使われていないので、これも新しい表現といえる。「しあわせ」「幸福」「憎い」が使用されたのも珍しいことであった。

ジャンル別にみたヒット曲の特徴

ここでは、三橋の曲をジャンル別に、亡くなる平成八年までのすべての曲の中から選んでいくことにする。まずは三橋を代表する分野である「ふるさと歌謡」である。

①ふるさと歌謡

昭和三〇年	ご機嫌さんよ達者かね	A	別れの一本杉	春日八郎	C
			小島通いの郵便船	青木光一	C
三一年	リンゴ村から	A	早く帰ってコ	青木光一	A
	お花ちゃん	B			
三二年	リンゴ花咲く故郷へ	C	柿の木坂の家	青木光一	C
	おさげと花と地蔵さんと	C	お月さん今晩は	藤島桓夫	A
三三年	夕焼とんび	A			

赤い夕陽の故郷　C
三四年　山の吊橋　春日八郎　D
僕は泣いちっち　守屋浩　A
三五年　ああ故郷《ふるさと》　C
みかんの故里《ふるさと》　C
達者でナ　B
三六年　津軽恋しや　C
三八年　こけしの故里　C
三九年　りんごの故里　C　ああ上野駅　井沢八郎　D
離れるもんか故郷《ふるさと》を　A　りんごの花が咲いていた
佐々木新一　C
四〇年　山がある川がある　C　帰ろかな　北島三郎　C
ふるさとのはなしをしよう　C
北原謙二
四一年　ふるさとの笛　C　おさらば故郷《ふるさと》さん
加賀城みゆき　C
四二年　掘のある町　C

四三年　じょんがら慕情　　　　　C
四九年　いいもんだな故郷《ふるさと》は（CMソング「カールの歌」）　A

以上の曲のうち、「A」と表示したのは、故郷にいる父母・若者などから都会にいる息子・娘・恋人などに呼びかける歌である。数は少なくたったの四曲であり、「いいもんだな故郷は」を除くと時期的には昭和三〇年から三三年までに集中している。

集団就職列車が初めて走ったのが昭和二九年であり、このころは故郷に残された人の方が都会に出て行った人よりもはるかに多かった時代であった。昭和三〇年の農業従事者は、まだ全人口の四六％を占めていたのである。「A」タイプの曲が好まれたのは当然だったといえよう。

「B」は、今まさに故郷を出て行こうとしている時の、いわば「別れ」の唄でもあった。「お花ちゃん」はデュエット曲なので、出て行く男が「名残惜しいはお互いさ　涙は門出に不吉だよ」と歌えば、故郷に残る女が「待ってる私をつい忘れ　浮気を起こしちゃなんねいど」と送り出す構成になっている。

「C」は、都会に出た若者が故郷を偲び、故郷での懐かしい思い出などを歌ったいわゆる「望郷歌」

お花ちゃんＣ 1372（作詞・矢野亮／作曲・吉田矢健治Ｄ・斉藤京子Ｓ 31.9.21 発売）

である。昭和三二年からはこのタイプが圧倒的に多くなる。都会へ出て行く若者が多くなったという現象を巧みにとらえた曲作りとなっている。

三橋の「ふるさと歌謡」は四三年までは毎年のように発表されたが、その後しばらく鳴りをひそめることになる。

このころになると、交通機関の発達や電話の普及などにより、「ふるさと」が近くなったこと、恋愛やレジャーなど都会での生活を謳歌し始めたことなどが重なり、若者の心から「ふるさと」への思いが次第に薄れていく。そうした変化が、「ふるさと歌謡」の減少につながっていったのである。

また、地方出身者の都会での生活が長くなるにつれ、「ふるさと」に住む父親や母親の高齢化が進み、やがてはその死によって、「ふるさと」への感傷が次第に薄れるなど、心情の変化も大きかったと思われる。

三橋の「ふるさと歌謡」最後のヒットとなった「いいもんだな故郷《ふるさと》は」は、明治製菓のCMソングとして流されたものである。三橋の顔をユーモラスに戯画化した漫画の映像を、覚えている方も多いのではないか。

「ふるさと歌謡」については、もう一つ指摘しておきたいことがある。これは、三橋の曲から「夢」や「希望」という言葉が少なくなってしまったこととも関連する。

若者たちが集団就職列車などで上京したとき、「夢」や「希望」を胸に抱いていたことは間違いないだろう。地方での逼塞した生活から抜けられるとの思いが多少なりともあったに違いない。ところがいざ都会で生活してみると、仕事は厳しく労働時間も長い。仲間と会うのも段々と少なくなり、気持ちは次第に暗くなっていく。「夢」や「希望」もどこかへ飛んで行ってしまうような現実にさらされたのだ。

そうかといっておいそれとは実家には帰れない。帰るに帰れない、泣くに泣けないという気持ちが、ふるさとへの強い郷愁を誘い、「ふるさと歌謡」に傾斜していったのではないか。そんな気がするのだ。若いころ、実際にそんな話を地方出身者から聞いたことがあるのは確かである。「ふるさと歌謡」には、「つらい」「悲しい」「さよなら」「遠く」「泣いていた」などの言葉が多く使用され、「夢」は「赤い夕陽の故郷」で「昨夜《ゆんべ》も夢見て　しみじみ泣いた」と歌われているだけなのだ。

そうした沈みがちな心や気持ちに、かすかな灯をともしてくれたのが、三橋の郷愁を誘う高音だったに違いない。

三橋以外では、まず「別れの一本杉」をあげなければならない。ミリオンセラーを記録したこの曲と「ご機嫌さんよ達者かね」から「ふるさと歌謡」が始まったといっても過言ではないだろう。

また、青木光一も「ふるさと歌謡」が立て続けにヒットし、人気歌手となっており、AタイプとCタイプのいずれにも名曲を残している。「柿の木坂の家」は、東京の目黒区柿の木坂を歌ったものと勘違いしている人もいたが、地方を歌ったれっきとした「ふるさと歌謡」である。

井沢八郎の「ああ上野駅」を「ふるさと歌謡」に分類するのには異論もあると思うが、「ふるさと」から出てきた若者が一番先に降り立つ東京の駅が上野駅である。それだけに最も印象深く、故郷を思えば必ず思い出す場所として、また郷愁を誘われる場所として、当時の上野駅は特別の場所だったのである。

北島の「帰ろかな」は、永六輔、中村八大コンビには珍しい「ふるさと歌謡」の傑作で、北島が表現豊かに歌い大ヒットとなった。この後しばらく「ふるさと歌謡」のヒットがないことで、この曲の印象がより強くなったような気がする。

ちなみに四十年前後に「ふるさと歌謡」を歌いヒットしたのは、他に「りんごの花が咲いていた」の佐々木新一、「ふるさとのはなしをしよう」の北原謙二、「おさらば故郷さん」の加賀城みゆきなどがいるが、このジャンルの曲は次第に姿を消していく。大ヒット曲は、千昌夫が歌った「北国の春」の昭和五二年まで待たなければならなかったのである。

千はその後も「夕焼け雲」「望郷酒場」「津軽平野」(吉幾三の作詞・作曲で、吉の持ち歌でもある)などをヒットさせている。他にも松村和子の「帰って来いよ」、細川たかしの「望郷じょんから」などの「ふるさと歌謡」の名曲が生まれており、千の曲も含めて昭和五〇年代にヒットしたものが多い。

②歴史歌謡、股旅・任侠もの

新撰組など歴史上の人物や事象を扱った曲やいわゆる股旅・任侠ものなどについてみてみよう。

昭和三〇年　あゝ新撰組　歴史
　三一年　御存じ赤城山　股旅
　　　　　あゝ田原坂　歴史
　　　　　木曽恋がらす　股旅
　三二年　一本刀土俵入　股旅　　雪の渡り鳥　三波春夫　股旅
　　　　　折鶴三度笠　股旅
　三四年　古城　歴史　　大利根無情　三波春夫　股旅
　　　　　麦ふみ坊主　股旅
　　　　　やくざ三味線　股旅
　三五年　あゝ大阪城　歴史　　潮来笠　橋幸夫　股旅
　　　　　一本刀土俵入　三波春夫　股旅
　三六年　あゝ城山　歴史　　あゝ鶴ヶ城　三波春夫　歴史
　　　　　武田節　歴史　　花の白虎隊　橋幸夫　歴史

三七年　つばくろやくざ　股旅　風林火山の歌　春日八郎　歴史
　　　　新撰組の歌　歴史
　　　　乃木将軍の歌　歴史
　　　　あゝ日蓮　歴史
三八年　徳川家康　歴史
三九年　あゝ新戦場　歴史　花と竜　村田英雄　任俠
　　　　あゝ大陸　歴史
四〇年　二本松少年隊　歴史　兄弟仁義　北島三郎　任俠
　　　　あゝ源氏武士　歴史　網走番外地　高倉　健　任俠
四一年　源義経　歴史　源義経　三波春夫　歴史
　　　　源氏の若大将　歴史
　　　　緋牡丹仁義　任俠
　　　　任俠街道　任俠
四三年　城山　歴史
四七年　新府城　歴史
　　　　武田二四将　歴史
四八年　花の騎兵隊　歴史

あゝ高嶋城　歴史
四九年　勝海舟　歴史
寺田屋お登勢　歴史
五〇年　あゝ金沢城　歴史
大勧進帳　歴史
あゝ関ヶ原　歴史

意外なほど歌っているのが歴史歌謡や股旅ものだが、三橋の股旅ものは三七年の「つばくろやくざ」を最後にすっかり姿を消してしまう。時代があまり要請しなくなったジャンルといえるだろう。

股旅ものでは、三波春夫がひとり気を吐いた感があるが、橋の「潮来笠」も特大のヒットとなり記憶に残る曲であった。

平成になって、氷川きよしが「箱根八里の半次郎」などを歌いヒットしたが、曲の数はそれほどではなく大きな人気を得たとは言い難い。時代物の映画はそこそこ作られているものの、テレビドラマの激減もあり、消えゆく運命にあるのは淋しい限りである。

珍しいのは四一年の「緋牡丹仁義」と「任俠街道」ではないか。これは日活の人気任俠映画「日本任俠伝」シリーズの挿入歌である。たまにはこんな曲も歌っているのである。

歴史歌謡では、なんといっても三橋最大のヒット曲「古城」であろう。他にも「あゝ大阪城」「武田節」「徳川家康」「あゝ関ヶ原」など戦国時代を歌った曲が目立つ。

次に多いのが、幕末から明治へかけての動乱の時代を歌ったものである。「あゝ田原坂」「あゝ城山」などが西南戦争を歌い、「二本松少年隊」は、戊辰戦争末期に落城と共に多くの少年の命を奪った二本松城の悲劇を歌い、ヒットしている。新撰組も「あゝ新撰組」と「新撰組の歌」の二回歌っており、どちらも好評であった。

四一年の「源義経」は、同年一月に始まったNHK大河ドラマ「源義経」をテーマに競作となったものである。競作ではあっても曲はまったく違うものであった。「東京五輪音頭」同様、三波春夫との対決になったが、どちらも大きなヒットにはならなかった。

他にも乃木将軍、日蓮、勝海舟などの歴史上の人物を歌っているが、ヒットには結びついていない。このジャンルも、衰退の道をたどっていくことになる。

③リズム歌謡・都会調の歌

洋楽のリズムを取り入れた曲や都会調の曲についてみてみよう。数は少ないがヒットした割合が高く、三橋にとっては特異なジャンルとなっている。

昭和三二年	おさらば東京	ポップス調と民謡調がミックス	中野忠晴
三三年	センチメンタルトーキョー	ロッカバラード	佐伯としを
三四年	東京が泣いている	都会調	桜田誠一
三五年	達者でナ	ラテンのリズム	中野忠晴
	夜のマネキン人形	都会調	桜田誠一
	また来るぜ東京	都会調	桜田誠一
三六年	センチメンタル・ガイ	ジャズ調	佐伯としを
三七年	星屑の町	ドドンパのリズム	安部芳明
三八年	旅路	ウエスタン調	石井由紀夫
三九年	星と歩こう	ポップス調	西脇稔和
四〇年	東京はさよならの町	ポップス調	安部芳明
四一年	あゝさすらい	都会調	不詳
	泣くな東京	都会調	沖津謙一
四二年	東京の鳩	ポップス調	中野忠晴
五四年	ザ・トンビ	ラップ調	吉田矢健治
	バイ・バイ・ホース	ラップ調	中野忠晴

初期のころは民謡調一色であったが、「おさらば東京」から意識的に洋楽テイストを取り入れており、一定の成果に結びつけているジャンルである。「センチメンタルトーキョー」と「星屑の町」が代表的な曲である。

同時代に活躍した歌謡歌手の中では、カバー曲から出発した若手歌手や和製ポップス（洋楽のサウンドだがメロディは日本調）の歌手を除けば、こうした試みを行いある程度の成功を収めた歌手はそれほどいない。

「お祭りマンボ」「ひばりのドドンパ」「真っ赤な太陽」「むらさきの夜明け」の美空ひばり、それに「恋をするなら」「あの娘と僕スイムスイムスイム」「恋のメキシカンロック」の橋幸夫くらいである。

もともと作詞家で、作家に転身してからも冠二郎の「旅の終りに」や五木ひろしの「ふりむけば日本海」などのヒット曲を作詞した五木寛之は、「わが人生の歌がたり　昭和の青春」の中で、三橋の「星屑の町」について次のように評している。

当時の歌謡界の大スターに、三橋美智也さんがいました。数多い三橋さんの歌の中でも「星屑の町」は好きな歌です。（略）

全盛期の三橋美智也さんの歌は絶品だとあらためて感じます。声がのびのびとして、高音がパーンッと張る。民謡出身の人ですから、ちゃんと民謡の節回しのいいところを残しています。それでいてリズム感がすごくいい。このころはジルバ、マンボ、ドドンパ、ルンバ、サンバなど、いろいろな新しいリズムが歌謡曲にどんどん入ってきた時期で、この曲もいわゆる「リズム歌謡」の一つですが、日本の歌謡曲史上の名曲と言えると思います。

世間では、民謡とか浪曲というものは、どちらかというとリズム感がないと思っている人が多いんですが、そんなことはありません。浪曲には本当に変化に富んだリズムがありますし、民謡だって名手が歌えば、西洋音楽よりももっと複雑で微妙なリズムを歌い込むことができます。民謡と浪曲がちゃんと歌える人は、欧米のリズムにもきちんと乗れるし、最近流行の、早口言葉みたいなラップも歌えるでしょう。


五木が指摘しているように、三橋のリズム感は、ポップス系歌手と比較してもそん色がないのである。五四年には、ジョン・トラボルタ風の衣装で軽やかにステップを踏んだ「激めん」のCMで、ファンの度肝を抜いたものだが、様になっていたのを思い出す。

ラップ調の「ザ・トンビ」は「夕焼とんび」、「バイ・バイ・ホース」は「達者でナ」をアレンジしたものである。

ちなみに下段にあげたのは、作曲家である。ラップ調にアレンジしたものを除くと、中野忠晴と桜田誠一が三曲ずつ、佐伯としをと安部芳明が二曲ずつあり、当時のキングレコードでは、この四人が洋楽を取り込んだ曲作りをしていたことが分かる。

④マドロス歌謡

マドロスものは、三橋がデビューしたころの歌謡界では人気ジャンルの一つであった。三橋も三〇年代を中心に歌っており、ヒット曲も多い。

昭和三〇年　あの娘が泣いてる波止場　かえりの港　藤島桓夫
　　小島の鷗
　　君は海鳥渡り鳥
三一年　船頭追分　波止場だよお父っぁん　美空ひばり
　　玄海船乗り
　　縁があったらまた逢おう
三二年　港町十三番地　美空ひばり
　　未練の波止場　松山恵子
三三年　流転波止場
　　美智也マドロス
　　帰る日が楽しみさ

三四年　情無用の男
三五年　あばよ
　　　　海峡
三六年　岸壁の男
三七年　マドロス稼業はやめられぬ
　　　　船路は暮れて
三八年　あゝ太平洋
　　　　行って来るぜ
五三年　さすらい船

霧笛が俺を呼んでいる　赤木圭一郎

三橋のマドロスもののうち、初期の曲には面白いことにまったく同じフレーズが三曲に使われている。「君は海鳥渡り鳥」「あの娘が泣いてる波止場」「小島の鷗」の「一夜泊りの」がそれである。いずれも一夜だけ泊まった港町で出会った女性への思いや懐かしさを歌っている。

三〇年代も後半になると、「マドロス稼業はやめられぬ」や「あゝ太平洋」のように、マドロス稼業への思い入れや誇りを歌うようになる。だが、後年は航空機の時代になったこともあり、ほとんど歌わなくなってしまった。三橋以外の歌手にも見当たらず、「マドロス」という言葉自体が死語になりつつある。

⑤別れ歌（恋愛・初恋）

歌謡曲では定番の別れ歌をみてみよう。三橋のイメージではないと思っている方もいようが、意外と多いのがこのジャンルなのだ。なお、「ふるさと歌謡」「股旅もの」「マドロス歌謡」の中にも「別れ」を歌ったものが多数あるが、重複を避けるため入れていない。

昭和三〇年	おんな船頭唄	別れA	高原の宿	林伊佐緒	別れ
			この世の花	島倉千代子	初恋
三一年	男涙の子守唄	子への愛	山蔭の道	若原一郎	別れ
	哀愁列車	別れA	好きだった	鶴田浩二	別れ
	みれん峠	別れA			
	江差恋しや	別れA			
三二年	美智也さのさ	夫婦愛	踊り子	三浦洸一	別れ
			喜びも悲しみも幾年月	若山彰	夫婦愛
三三年	草笛の丘	別れC	からたち日記	島倉千代子	別れ
	月の峠路	別れA	泣かないで	マヒナスターズ	別れ

おしどり新内　夫婦愛
三四年　笛吹峠　別れＡ　夜霧に消えたチャコ
フランク永井　別れ
夢で逢えるさ　別れＡ　お別れ公衆電話　松山恵子　別れ
かすりの女と背広の男　別れＢ
たった一人の人でした　別れＡ
泣くなよしきり　別れＣ　黒い花びら　水原弘　別れ
三五年　再会　松尾和子　別れ
三六年　石狩川悲歌《エレジー》　初恋　湖愁　松島アキラ　別れ
懐しの高原　別れＣ　川は流れる　仲宗根美樹　別れ
三七年　君よいずこ　別れＣ　江梨子　橋幸夫　別れ
流れ星だよ　別れＢ　赤いハンカチ　石原裕次郎　別れ
三八年　メノコ恋唄　恋愛　高校三年生　舟木一夫　青春
じょんがら便り　別れＣ　美しい十代　三田明　青春
三九年　夜のブランコ　別れＣ　女の宿　大下八郎　別れ
信濃川悲歌《エレジー》　初恋　君だけを　西郷輝彦　青春
また来るよ　別れＤ

さらば雪国　別れB
四〇年　今夜も星がいっぱいだ　別れC　赤坂の夜は更けて
あの人は遠い人　別れC　西田佐知子　別れ
四一年　浜木綿の花咲けば　初恋　骨まで愛して　城卓矢　恋愛
四三年　星のこだま　別れD　天使の誘惑　黛ジュン　恋愛
四五年　鳴門海峡　別れA　京都の恋　渚ゆう子　別れ
四九年　京都が泣いている　別れA　よろしく哀愁　郷ひろみ　恋愛
五五年　父子星　子への愛　哀愁でいいと　田原俊彦　恋愛
五七年　越後絶唱　別れC　春なのに　柏原芳恵　別れ
冬の花火　別れC
平成四年　幻灯《うつしえ》の町　別れC　君がいるだけで　米米クラブ　恋愛

下段にあげた曲は、その年を代表するという意味ではなく、あくまで個人的な選択である。三橋の曲と対比すれば、何かの参考になるのではないかという気持ちであげたものである。

三橋には「恋愛」を歌ったものは一曲しかなく、「夫婦愛」と「子への愛」を除くと、「別れ」の曲ばかりとなっている。

「別れ」を少し細かくみると、「A未練」「Bあきらめ」「C思い出」「D一時の別れ」などに分けることができる。

最も多いのは「C思い出」の一二曲だが、三四年までは「草笛の丘」の一曲のみで、三六年以降に急増している。逆に「A未練」は三四年までに八曲あったが、その後は二曲だけである。ファンの年齢が年と共に上がっていくにつれ、生々しい「A未練」の気持ちが、淡々と過去を懐かしむ「C思い出」に変化してしまったのだろうか。面白い傾向といえるかもしれない。

「Bあきらめ」は二曲と少ない。「Bあきらめ」ではドラマチックな歌詞も生まれず、歌にならないのだろうか。

三橋には、数は少ないが「初恋」を歌った佳曲がいくつかある。中でも「石狩川悲歌」は歌いやすい名曲であった。

北海盆唄C 5270（作詞・高橋掬太郎／編曲・山口俊郎 S33.10.10 吹込み EP・SP盤歌詞カード兼用）

三橋以外の歌手の曲は、あまりにも数が膨大なので選曲が困難であり、分析はあきらめざるを得なかった。恐らく三橋とほぼ同様の結果が得られるのではないか、という気がする。

⑥民謡・新民謡

民謡は三橋の原点である。全国の民謡のほとんどをレコーディングして全国に普及し多大な貢献をしている。も

（津軽三味線演奏）津軽じょんがら節 HIT-718（津軽三味線とエレキの大対決編曲・寺内タケシ）

ともと民謡は、狭い地域の中で祭りや労働の癒しのためなどで歌い継がれてきたものである。三橋が広めるまでは、全国に知られた民謡といえば、北海道の「北海盆唄」と「ソーラン節」、山形の「花笠音頭」、群馬の「八木節」、東京の「東京音頭」、長野の「木曽節」、福岡の「炭坑節」など数えるほどであった。

もちろん三橋も、それらの有名な民謡は大都市や地方での公演、テレビ・ラジオなどで数多く歌っている。三橋がすごいのは、各地に埋もれていた民謡を発掘し、次々に世に知らしめ全国区にしたことであった。

それには三味線だけではなく、洋楽器の伴奏で誰もが歌えるスタイルを確立したことが大きい。エレキギターの名手・寺内タケシと三橋の三味線とが共演した「津軽じょんがら節」は、新鮮な印象を人々に与えて大いに話題になったものである。

キングレコードの斉藤ディレクターは、そうした功績について「日本民謡の中興の祖」とまでたたえている。決して誇張ではない評価だと思う。

三橋の民謡を盆踊り会場で耳にした方も多いに違いない。全盛期の三〇年代から四〇年代にかけて、全国各地の盆踊り会場でかかった曲は、三橋の民謡が圧倒的に多かったのである。

また、従来の民謡は、時として節回しや方言など非常に歌いづらかったり、分かりづらかったりといった難点があった。そうした部分を歌いやすく変えて歌ったり、まったく新しいオリジナルの民謡を歌ったのが三橋の優れたところであった。

もっともこうした動きは戦前からあったことはあったのだ。西條八十作詞、中山晋平作曲の「東京音頭」は、昭和八年に発表されるや人気となり、大流行している。続く「さくら音頭」も好評であった。しかし、戦争へと向かうころから次第にそうした歌は下火になっていく。

戦後すぐにも民謡ブームがあったが、戦後歌謡に押され三橋がデビューするころには少々心もとない状態であった。しかしながら潜在的な人気は大きく、それを掘り起こしたのが三橋なのである。

ここで三橋の新民謡について簡単にみてみたい。まずデビュー曲の「酒の苦さよ」である。これは新相馬ぶしをベースにしたもので、サブタイトルは「新相馬ぶし」となっている。続く「瞼のふる里」は、南部牛方節をアレンジしたものである。

三一年の「あゝ田原坂」は「田原坂」をベースにしており、三二年の「さのさ」から取った「美智也さのさ」へと続く。これ以後は歌謡曲のヒットが相次いだため、こうした試みはしばらく途絶えるが、三六年の「武田節」で復活する。そして、「東京五輪音頭」へとつながっていくのである。

こうしたレコード会社側の企画とは別に、地方都市や農協などの団体からの依頼で作られたものとしては、北海道札幌市の「札幌音頭」、愛媛県松山市の「神輿《みこし》音頭」、東京都東村山市の「東村山音頭」が知られている。「東村山音頭」は、地元出身のコメディアン・志村けんが歌い広く世間に知られたが、もともとは三橋と下谷二三子が歌うオリジナル民謡であった。

最後に一つだけ付け加えておきたい。三橋には民謡にもミリオンセラーがあるということである。以前は「相馬盆唄」と「花笠音頭」の二曲のみと言われていたが、その後「炭坑節」「黒田節」「ソーラン節」など全部で一一曲がミリオンセラーとなっている。（本稿では「武田節」は歌謡曲に分類）。現在の民謡界の不振を思うと信じられないほどの快挙といえる。

⑦まとめ

ここで、歌詞の内容やジャンル別にみてきた三橋の魅力や特徴について、まとめておきたいと思う。

- 新旧交代期だった昭和三〇年に、タイミングよく現れた。
- 初期には民謡調の曲が多く、多くの民謡ファンを取り込むことに成功した。
- 哀愁や郷愁を感じさせる、張りがあり伸びのある高音の美声が、人々を魅了した。そして、その高音が大流行した「ふるさと歌謡」によく合っていた。
- 「ふるさと歌謡」「歴史歌謡」など、時代に合った新しいジャンルを開拓した。特に、「ふるさと歌謡」は、多くの地方出身者の心をつかんだ。

●ポップス、ラテン音楽などから多彩なリズムやメロディを取り込むなど、洋楽の味わいのある新鮮な曲を歌い、若いファンを獲得した。
●年配者から子供まで、幅広い年齢層に受け入れられた。
●感嘆詞を多用し、語りかけたり、叫んだりといった新しい表現を歌詞に取り入れた。
●「夢」や「あこがれ」といった未来への思いを歌う曲は少なく、現在の心情や過去へのさまざまな思いを歌ったものが多い。戦後歌謡との一番の違いである。
●公演やテレビ・ラジオなどを通じて受けた律義でまじめな性格に、多くの人が好感を持った。

第五章　昭和三九年以降の三橋美智也

三九年から四一年　二度の歌手生命の危機

最初に、第二章の終わりの方で、「実はこのころ、三橋にある異変が起こっていたのである」と書いたことについて、説明しておく必要があろう。

三七年の大ヒット曲「星屑の町」を、当時のレコードあるいは当時の音源によるCDを聞いた方は、あるいは気が付いていたのではないだろうか。この曲のサビの部分を歌う声が、かすかにかすれているのである。その後に出された他の曲にはそのような部分はみられないが、実はこのころから三八年にかけて、三橋の声帯に異常が発生していたのだ。

地方公演などで声がかすれたり、音が微妙に外れたりといった事態が相次いだのである。司会のためたびたび同行していた玉置宏によれば、それは歌謡曲を歌うときだけのことであり、民謡の場合にはみられなかったという。

このため、三橋は三九年の前半に入っていたスケジュールのうち、キャンセルできるものはすべて断り、静養に努めることになるのである。「東京五輪音頭」で三波春夫に売り上げで大差をつけられたのも、この休養により、テレビ出演や公演回数が激減したことが、大きな原因となったのは間違いない。

声の変調の原因については、「歌いすぎだ」とか「日頃の不摂生のせいだ」とかいろいろ物議をかもし、週刊誌では、「三橋は本当に歌えないのか」などの記事が掲載されるなど、騒動となったのである。

ラジオ番組で、ファンから「声が小さくて聞き取りづらい」などの苦情が寄せられたのも、このころであった。なるべく大きな声を出さないようにしていたのだが、事情を知らないファンには、当然の思いだったのであろう。このころが歌手生命に関わる一つの危機だったといえる。

三九年の秋ごろからはテレビ番組にも復帰し、元気なところを見せたが、その後の曲については音程を下げて作られることが多くなる。従来の魅力的な超高音は、徐々に影をひそめていくことになる。

声の異変について、三橋をよく知る音楽評論家の話として、「週刊文春」が平成八年一月二六日号の記事の中で次のように紹介している。

普通、歌手というのは、デビューしてから上手くなっていく。だけど、三橋の歌手としての

東京五輪音頭ＥＢ 1038（シングル盤３種発売作詞・宮田隆／作曲・古賀政男Ｓ 39.4 発売）

実力は、二十四歳でデビューしたときがピークでした。彼の持ち味は、民謡で鍛えた高音の綺麗な伸び。曲も、そんな魅力に合わせて作られていた。

でもあの歌い方は、声帯に負担がかかる上、年齢による衰えが素人にもわかりやすいんです。滅びの予感は、誰よりも三橋自身が感じていたはず。

この年の始まりは、浅草国際劇場での美空ひばりショーであった。女王・ひばりと王者・三橋が大舞台で共演したのである。二人だけの競演は今回が初めてのことで、当然大きな話題となりテレビでも生中継したと記憶している。出し物は、「桃太郎」と「丁稚とおてもやん」。お互いにヒット曲を交換して歌うなどファンは大喜びで、一月六日から一三日までの八日間、大入り満員の盛況を続けた。

この年、三橋はなんと二三曲もの新曲を出している。二月の「男の舞扇」、四月の「東京五輪音頭」、六月の「星と歩こう」、九月の「また来るよ」がこの年のヒットとなった。

「男の舞扇」は、かつての美声を彷彿とさせるような出来栄えで、珍しく芸の道を歌ったものである。ラジオで一月から始まったあるベストテン番組では初登場一位となり、二月まで一位を独走する。

この時点では、人気に陰りはまったく感じられなかったのである。

男の舞扇（服部鋭夫・作詞　吉田矢健治・作曲）

親の恩より　師の恩と
父に言われた　あのことば
忘れねばこそ　踊りにかけた
男いのちの　舞扇

からむひ鹿《が》の子　紅鹿《べにか》の子
かけちゃならない　あだなさけ
芸のきびしさ　恋路の闇に
迷やみだれる　足拍子

また、三橋はこのころ、「若い根っ子の会」の世話役をしていた。この会は地方出身者の集まりで、特に都会で働く若者たちが会員の大勢を占めていた。三橋がこのころ、「生きる喜び」「若い生命《いのち》」「俺らの街が目をさます」「夜のブランコ」「信濃川恋歌《エレジー》」など若者向けの曲を立て続けに出したのも、この会の存在を意識してのことだったと思われる。

他にも「ひとすじの道」「りんごの故郷《ふるさと》」「あゝ大陸」などの佳曲があったが、いまひとつ伸びなかった。ヒット曲の数は、人気歌手となった三〇年以降では最低となったのだ。後になってはっきりしたのは、三九年が三橋人気の転換点になったということであった。


三九年は、「君だけを」の西郷輝彦、「アンコ椿は恋の花」の都はるみ、「涙を抱いた渡り鳥」の水前寺清子がデビューを飾り、たちまち人気歌手になっている。

他のヒット曲には、村田英雄「皆の衆」、和田弘とマヒナスターズに松尾和子「お座敷小唄」、井沢八郎「ああ上野駅」、ザ・ピーナッツ「恋のバカンス」、青山和子「愛と死をみつめて」、橋幸夫「恋をするなら」、新川二郎「東京の灯よいつまでも」、坂本九「幸せなら手をたたこう」などがある。

この年、巨人軍の王貞治が日本新記録となる五五本のホームランを打っている。三橋は王と親交があり、新記録のお祝いに高級時計をプレゼントしたそうである。王は、三橋の著書「人生演歌」の帯で、「三橋さんは歌謡界のホームラン王です」と賛辞を寄せている。

東京オリンピックは、天気に恵まれ大成功のうちに幕を閉じた。オリンピック直前の一〇月一日には東海道新幹線が新大阪まで開通し、〈夢の超特急〉と呼ばれたことを五〇代以下の方は恐らく知らないだろう。

四〇年は一月に「今夜も星がいっぱいだ」、三月に「あの人は遠い人」、五月に「山がある川がある」、六月に「祭り獅子」などを出したがいずれも不発で、九月の「二本松少年隊」がようやくヒットする。これには高音の美声に陰りがみられたことが、大きく影響していたものと思われる。

また、このころは橋幸夫、舟木一夫、西郷輝彦の御三家をはじめとして、青春歌謡全盛の時代だったのである。

「二本松少年隊」は、文化放送の「全国歌謡ベストテン」に一〇月の最終週に三〇位で初登場し、一二月第一週に九位となりベストテン入りした。以後一〇週に渡ってベストテンにとどまり、四位が最高であった。TBSテレビの「歌謡曲ベストテン」でもランクインされている。

二本松少年隊（高橋掬太郎・作詞　細川潤一・作曲）

安達太良山《あだたら》の　雲迅《はや》く
大軍迫る　二本松
あゝ　前髪の　少年も
孤城を守り　立ち向かう

阿武隈川の　朝霧に
血を吐く杜《と》けん　何を啼く
あゝ　砲煙の　ただ中に
散り行く花の　白襷《しろだすき》

四〇年のヒット曲には、美空ひばりのレコード大賞曲「柔」、石原裕次郎「二人の世界」、越路吹雪「サン・トワ・マミー」、アイ・ジョージ・志摩ちなみ「赤いグラス」、笹みどり「下町そだち」、都はるみ「涙の連絡船」、西郷輝彦「星娘」、舟木一夫「北国の街」、二宮ゆき子「まつのき小唄」、菅原洋一「知りたくないの」、倍賞千恵子「さよならはダンスの後に」などがある。

布施明が「おもいで」でデビューしたのもこの年で、同じキングレコードでは前年に「あの娘《こ》たずねて」でデビューした佐々木新一が「リンゴの花が咲いていた」などのヒットを飛ばし、三橋美智也の後継者として期待されていた。

あるラジオ番組でアナウンサーにそのことを聞かれた三橋が、「まだまだぼくも頑張りますよ」と苦笑しながら答えていたのが懐かしい。四〇年当時の三橋は、ラジオ番組「あなたが選ぶ七大歌手」の投票で男女合わせて年間総合三位であった。現役バリバリの三橋にとって、後継者云々は決して面白い話題ではなかったのである。

この年は中国で文化大革命が始まり、国内では山崎豊子の「白い巨塔」が田宮二郎主演でドラマ化されて人気となり、原作もベストセラーになっている。南海ホークスの野村克也が史上初の三冠王に輝いたのもこの年であった。

四一年は、先にも触れたが、NHKの大河ドラマをテーマとした競作で、一月発売の「源義経」がスタートとなった。三月の「あゝさすらい」、五月の「泣くな東京」、七月の「緋牡丹仁義」、一〇月の「一本杉は男杉」が話題になったが、大ヒットには遠く及ばなかった。

しかし、やや衰えたとはいえ依然としてその人気は高く、当時の人気のバロメーターの一つであった大劇場での公演は、いずれも大盛況であった。

ちなみにこの年の大劇場の公演をあげると、

一月　四日～　七日　　大阪労音
一月一四日～二〇日　　浅草国際劇場
三月　一日～一五日　　大阪劇場（大劇）
五月一八日～二三日　　日本劇場（日劇）
七月　三日　　横浜松竹
八月　四日～三〇日　　新宿コマ劇場

二六日　　日本劇場（日劇）
九月一六日～一八日　船橋ヘルスセンター大劇場
九月二二日～二六日　名古屋御園座

と目白押しであった。当時では大劇場の公演を定期的に行っていた歌手はせいぜい一〇人を超える程度であったから、ヒットには恵まれなかったものの人気には根強いものがあったのだ。

だが、この年の秋、三橋に重大な試練が訪れる。一〇月に喜久子夫人と長男の篤也君がガス自殺をはかったのである。折しも離婚調停が進行していた時期であった。幸い生命に別条はなかったものの、三橋の歌手生命を脅かす大事件であった。

このとき三橋は、何日か行方不明になっている。週刊誌の追跡を逃れるためであった。なんとその数日を、当時東映フライヤーズの四番打者として活躍していた張本勲のマンションで過ごした、と著書「人生演歌」の中で初めて告白している。その部分を引用してみよう。


いままで誰にもしゃべっていません。それは昭和四一年でした。離婚騒動のあと、週刊誌に追われて、身を寄せたのです。

張本さんの奥さんも、アネゴ肌で、面倒見がいい。週刊誌の取材記者が押し寄せてきても、バーンとハネ返し、追い返してしまう。本当にありがたかった。

張本とは、張本が三橋のファンだった関係で、知人を介して知り合ったと記している。スポーツ界では他に、前述の王貞治、村山実、三九年に不慮の死を遂げた力道山、大鵬などと親しくしていたという。

大鵬が関西の大親分の不興を買い困っていたとき、三橋が調停役を買って出て事なきを得たというエピソードも紹介されている。

その後三橋は休暇を取り、斉藤幸二ディレクターと、関西や四国への逃避行を行ったという。

そして三橋に待っていたのは、大きな試練であった。歌手の人気投票番組の「あなたが選ぶ七大歌手」や「歌謡紅白人気投票」で人気が急落したのだ。自殺未遂事件の前まではベストテンの常連で、上位にランクされることも多かったが、事件後はベストテン落ちしたのである。

なんといっても大きな出来事となったのは、昭和三一年から一〇回連続出場の紅白歌合戦の出場を、辞退せざるを得なかったことである。辞退とはいえ、実質的には「落選」であった。その後四九年に復帰するまで、紅白には出場できなかったのである。

ルポライターの竹中労は、この時のことを「スキャンダル　紅白歌合戦」の中で、「一、二年も恐縮していれば、彼ほどの歌手が復活できぬ道理はない、という大方の観測を裏切って、いらい八年間の紅白パージ（筆者註・追放の意味）」と書いている。

四一年は、ジャッキー吉川とブルーコメッツ、ザ・スパイダース、ザ・ワイルド・ワンズなどのグループが相次いで登場していわゆるGSブームが起こり、加山雄三も「君といつまでも」などの大ヒットで一大ブームを巻き起こした。マイク真木の「バラが咲いた」などにより、フォークソングも流行している。

他にも、千昌夫「星影のワルツ」、美空ひばり「悲しい酒」、黒沢明とロスプリモス「ラブユー東京」、美川憲一「柳ケ瀬ブルース」、布施明「霧の摩周湖」、城卓矢「骨まで愛して」、園まり「逢いたくて逢いたくて」、北島三郎「兄弟仁義」「函館の女《ひと》」、西郷輝彦「星のフラメンコ」、都はるみ「涙の連絡船」、舟木一夫「絶唱」など大ヒットが相次いだ。

ビートルズが初来日し、NHKの連続テレビ小説「おはなはん」が平均四五・八％の高視聴率をマークしたのもこの年であった。

四二年から四九年　人気復活から紅白復帰まで

翌四二年、三橋は見事に復活する。三橋らしからぬ清純な初恋を歌った「浜木綿の花咲けば」で、一月にレコード界に復帰すると、三月に「博多の月」、四月に「堀のある町」を発表する。

「堀のある町」は、NHKのテレビ番組「ひるの民謡」で四月一三日から五月二五日まで七週連続で歌われた。民謡調の三橋らしい「ふるさと歌謡」でもあるこの曲は、久々のヒットとなった。

そして、三月二六日。浅草国際劇場でのワンマンショーが開幕する。国際劇場の出演は四一年一月に続いての公演であった。この公演の観客動員数に、芸能関係者は度肝を抜かれたのである。初日。昼夜二回公演でなんと八九〇〇人を動員したのだ。国際劇場は最大で三四〇〇人入るが、全部席が埋まっても二回で六八〇〇人である。一回の公演につき、一〇五〇人が立ち見をした計算になるのだから、どのくらいすごい数字なのかお分りいただけるのではないか。

私も何日目かに行ったのだが、平日にもかかわらず場内は立錐の余地もない盛況で、ロビーの扉はすべて開け放った状態でショーが行われたのである。顔は見なくてもよいから、せめて歌声だけでも聞きたいというファンの声に応えた結果であった。今では消防法の規制があり、とても無理であろう。

ファンは、三橋を決して見捨てなかったということである。このショーの模様は、四月九日の日曜日に日本テレビで録画中継されている。「この春の話題はなんといっても三橋美智也ショーでしょう。連日押すな押すなの超満員」という放送開始の言葉が、いまだに耳に残っている。

五月の「東京の鳩」には、驚いたファンも多かったのではないだろうか。三味線片手の三橋の姿は見慣れた光景だが、この曲ではエレキギター片手に現れたからである。場合によっては、エレキギターの名手・寺内タケシとそのバンドを伴っていたのだから、驚くのも無理はなかった。

当時三一歳の美空ひばりが、人気バンドのブルー・コメッツをバックに「真赤な太陽」を歌っていたのが、ちょうどこのころである。三橋もひばりの向こうを張って、三六歳での挑戦だった。この意外ともいえる企画は当たり、「堀のある町」に続くヒットとなった。

東京の鳩（横井弘・作詞　中野忠晴・作曲）

霧が渦巻く　東京の
おまえと俺とは　迷い鳩
ホ　ホ　ホロッポ　泣くまいナ
ホ　ホ　青空が　なくっても
自分で選んだ　道だもの

弱い心に　なるときに
浮かんで来るのが　故郷《ふるさと》さ
ホ　ホ　ホロッポ　呼ぶまいナ
ホ　ホ　惚れていた　人だって
別れりゃやっぱり　よその人

九月に出した「わがこころ」も話題になった。川内康範作詞、三佳令二作曲のこの曲が、離婚騒動後の三橋の心境を歌ったものだったからである。だが、事件の生々しさが消えていないこともあって賛否両論があり、テレビの歌番組ではあまり歌っていない。代わりに歌ったのは、B面の「あばれ凧」であった。

ちなみにこの年三橋は、多くの歌謡番組に出演している。恐らく過去最多だったのではないか。NHKが「ひるの民謡」「歌のグランドショー」「ふるさとの歌まつり」など再放送を含めて二一回、日本テレビが「レッツゴーキング」など六回、TBSテレビが「歌の五番街」など四回、フジテレビが「スター千一夜」など三回、NET（現在のテレビ朝日）が「歌う夢のステージ」「歌のグラビア」など一四回で、合計四八回出演している。ほぼ毎週顔を出していたことになる。

前年の四一年と比較してみよう。NHK一〇回、日本テレビ一三回、TBSテレビ一四回、フジテレビ三回、NET六回で、合計四六回。

四三年はどうだろうか。NHK六回、日本テレビ一四回、TBSテレビ四回、フジテレビ三回、HET六回、テレビ東京二回で、合計三五回。四四年以降は次第に出演回数が減少しており、四二年がピークだったと思われる。

この年の一二月一〇日、三橋はかねてから噂のあった荒木啓子と再婚している。媒酌人は、川内康範夫妻であった。

四二年は、グループ・サウンズ最高の人気を誇ったザ・タイガースが二月にデビューし、ザ・ヴィレッジ・シンガーズ、ザ・ジャガーズ、ザ・ゴールデン・カップス、ザ・テンプターズ、ザ・カーナビーツなどのGSブームが頂点に達した年である。ブルー・コメッツは「ブルー・シャトウ」でレコード大賞に輝いている。

他には、石原裕次郎「夜霧よ今夜も有難う」、鶴岡雅義と東京ロマンチカ「小樽の人よ」、美空ひばり「真赤な太陽」、ザ・ピーナッツ「恋のフーガ」、伊東ゆかり「小指の思い出」、水原弘「君こそわが命」、中村晃子「虹色の湖」、森進一「命かれても」、布施明「恋」、黛ジュン「恋のハレルヤ」、佐良直美「世界は二人のために」、扇ひろこ「新宿ブルース」などがヒットしている。

この年はミニスカートが大流行し、多胡輝の「頭の体操」が大ベストセラーを記録した。東京都知事選で社共両党推薦の美濃部亮吉が当選し、初の革新都知事が誕生している。

四三年は、「黒潮の男」「星のこだま」「じょんがら慕情」などを出したが、ヒットには結びつかなかった。この年話題となったのは、作詞が村田英雄、作曲が三橋という豪華な顔合わせによる幻の新曲が、ラジオなどで流されたことである。曲名は、「いつも二人は若いんだ」。幻と書いたのは、ついにレコーディングされることがなかったからである。

この曲は歌いやすい軽快なメロディで、発売されていれば大きな話題を呼び、ヒットしたに違いない。立ちはだかったのは、またもやレコード会社の壁であった。村田はコロムビアレコード、三橋はキングレコード。依然として専属制の壁は厚かったのである。

しかし、この曲が話題になったことで、村田と三橋の仲が広く知られるようになったのだ。そして、翌四四年一月の浅草国際劇場における「三橋美智也・村田英雄合同公演」へと進展し、ファンを喜ばせることになるのである。

四四年は村田との合同公演で幕が開いたが、「白鳥の恋」「哀愁平野」などの新曲は、あまり話題にならなかった。そして、ようやく話題作「鳴門海峡」が出たのは、一二月に入ってからのことである。

木下竜太郎作詞、猪俣公章作曲のこの曲は、それまでの三橋とは一味違う演歌で、鳴門海峡を背景に男の一途さと未練を歌っており、久々のヒットとなった。

その後ヒット曲に恵まれなかった三橋に朗報をもたらしたのは、四九年から二〇年以上に渡って明治製菓のCMソング「カールの唄」がテレビで流されたことであった。コミカルな味わいのこの曲は、三橋を知らない世代のファンを開拓したのだ。この曲は平成二年に「いいもんだな故郷《ふるさと》は」のタイトルで発売されている。

いいもんだな故郷は
KIDX-28（作詞・高杉治朗／作曲・川口真H 2.12発売）

この四九年には、もう一つの話題曲が発売される。横井弘作詞、平尾昌晃作曲の「京都が泣いている」がラジオにスポットで流されたのだ。わざと歌手名を隠して、ただ歌だけを流したのである。この宣伝方法が功を奏し、この曲もヒットする。
そして、一一月には紅白歌合戦の出場歌手が発表され、三橋は九年ぶり一一回目の出場を果たしたのである。

京都が泣いている（横井弘・作詞　平尾昌晃・作曲）

雨の　白い鴨川の　ほとりを
いま　恋が消えていく
ただあなたの為に　ただ尽くしていたい
この私の小さな　生甲斐が
なぜ　いけないの
明日のない　女のさだめに
たそがれの　京都が泣いている

雨に　せめて追いかけて　見たけど
なお　影は遠くなる
もう祇園をはなれ　もう素顔になれる

この貝からみたいな　倖せを
なぜ捨ててくの
明日のない　女のさだめに
たそがれの　京都が泣いている

民謡の方では、三橋流を立ち上げるきっかけとなったのが、四六年から弟子を取るようになったことである。最初は弟子をとる気持ちはなかったのだが、入門希望者が後を絶たなかったため、やむを得ず取ることになったという。

ご存知の方も多いと思うが、有名な歌手で弟子となったのは、細川たかし、石川さゆり、千昌夫などである。

四三年以降の歌謡界については、画期的ともいえる㈱オリジナル・コンフィデンスによる詳しい売り上げ数が「オリコンチャート」として発表されるようになる。レコード会社発表のものよりもより正確な数字を知ることができるようになったのである。

四三年一月から五三年一〇月までの売り上げが、最も多かったのは森進一の一〇〇九万枚である。以下二位・ピンク・レディ八五三万枚、三位・沢田研二八三四万枚、四位・山口百恵八二八万枚、五位・小柳ルミ子七一六万枚、六位・郷ひろみ六八一万枚、七位・野口五郎六六七万枚、八位・五木ひろし六四九万枚、九位・西城秀樹六三五万枚、一〇位・内山田洋とクールファイブ五七九万枚の順になっている。

四二年までに大ヒットを連発した美空ひばり、石原裕次郎はベスト・一〇〇にも入っていない。三橋美智也、春日八郎、三波春夫、村田英雄、フランク永井、島倉千代子といったベテランの名前はすっかり消えてしまったのだ。ようやく北島三郎が八一位、橋幸夫が九六位に顔を出すくらいである。

歌謡界はこの一〇年で、森進一、沢田研二、五木ひろし、布施明などの若手実力派、郷・野口・西城の新御三家、山口百恵、桜田淳子、森昌子、小柳ルミ子などのアイドル全盛の時代へと変わっていたのである。

また、クリエーション、フラワー・トラヴェリン・バンド、頭脳警察、はっぴいえんど、キャロルなどのロックグループが台頭し、一方で吉田拓郎、井上陽水、チューリップ、ビリー・バンバン、かぐや姫、赤い鳥、グレープなどのフォーク系の曲がレコードセールスの主役になりつつあったのもこの時代であった。

この間に、四八年の第一次石油ショック、翌年のドルショックなどがあり、高度経済成長期が終焉を迎えている。四九年には巨人軍の人気を支えた長嶋茂雄が引退し、田中角栄内閣も田中の辞意表明により終わりを告げた。

五〇年から平成八年　歌謡生活四〇周年、そして突然の死

昭和五〇年代の三橋には、歌手としてではなく別の面での話題が多くみられた。五三年の時ならぬミッチーブームもその一つであった。四月に始まったラジオ関東（現在のラジオ日本）の「電撃ワイドウルトラ放送局」に出演し、ディスクジョッキーをつとめたのが、ブームのきっかけだった。

若者の人生相談に乗り回答を続けているうちに、そのノリの良さとハッキリした物言いが受け、「面白い」と評判になったのである。

THE TOMBI（夕焼とんび）ＧＫ -281（名曲をディスコ調にアレンジ作詞・矢野亮／作曲・吉田矢健治Ｓ 54.1 発売）

むろん聴取者は若者が中心で、三橋が偉大な歌手だと知らない者も多かった。

更に、「激めん」というカップラーメンのＣＭが大うけする。厚底のロンドンブーツをはき、ジョン・トラボルタ風に踊る三橋の姿に、びっくりしたファンは多かったのではないか。

まさにおちゃめなオジサンといった感じであった。このときのブーツは、寺内タケシからプレゼントされたものであった。

こうした流れは、実は地方公演の激減など、経済的な背景があり実現したものだった、と前出の斉藤ディレクターは書いている。多くのスタッフを抱えていた三橋にとって、願ってもないブームの出現だったといえる。のちに事業に乗り出した背景には、こうした経済的な問題があったのは間違いない。

ミッチーブームのさなか、昭和三〇年以来というコンビが復活する。コロムビアレコードの専属をやめ、フリーになった船村徹の新曲を吹き込んだのである。横井弘作詞の「さすらい船」であった。

新曲を提供する条件として船村は、元の一オクターブ高い音に挑戦してほしいと三橋に言ったという。まだ若いからできるはずだとの船村に、三橋は伸びのある声でみごとに応えている。

五五年には「父子星」を出した。この曲は、実は離婚騒動のあった翌年の四一年に発売される予定であった。父親の息子に対する愛情を歌ったものだったが、歌詞の内容が離婚直後には生々しすぎるとの判断から、お蔵入りしていたのだ。

五七年。翌年は三橋が歌謡歌手としてデビューして、三〇年目となる節目の年であった。その記念曲として一〇月に発売されたのが「越後絶唱」で、B面は「冬の花火」であった。最初は「冬の花火」がA面と決められていたが、三橋のたっての希望で「越後絶唱」の方がが記念曲となっている。

三〇年間に三橋が出したレコードは、シングル盤が約四二〇種、LP盤が約一九〇種の膨大なもので、記念盤が文字通り記念すべき一億枚目となった。これは日本の歌手では前例のない快挙だったのである。

この年、厚生年金会館大ホールを皮切りに、全国ツアーを敢行しており、記念曲もヒットしている。

越後絶唱（横井弘・作詞　桜田誠一・作曲）

白い帷子《かたびら》ョ　竹杖ついて
三味がいのちの　はぐれ旅
誰のせいでも　さらさらないが
仲間追われた　旅路はつらい
越後　海鳴り　ながれ節ョ

風の荒磯ョ　凍てつく素足
抱いて温めて　くれた人
夢のかけらを　手さぐりながら

肩を寄せてた　浮草同士
越後　雪国　あみだ堂

話が前後するが、この時期に大きな話題になったのが山田五十鈴との共演であった。五一年に帝国劇場で始まった山田五十鈴の「津軽三味線・ながれ節」に、夫役で共演したのである。最初はすぐに死んでしまうチョイ役だったが、好評だったため台本が書き替えられて、二回目の公演からは夫役を与えられたのだ。

この年だけでも帝劇が合計三か月、名古屋の中日劇場が一か月、大阪の梅田コマ劇場が一か月と続き、大好評であった。

越後絶唱Ｋ 07 Ｓ -346（作詞・横井弘／作曲・櫻田誠一Ｓ 57.10 発売）

そのきっかけとなったのは、前年の夏に静養先の軽井沢に山田が突然訪ねてきたことであった。「津軽三味線を教えてください」と大女優に頼まれ感激したという。山田はたちまち会得し、翌年の公演でその成果が披露されることになったというわけなのだ。

この芝居は、山田の代表作の一つとなった。三橋にとっても、本格的な芝居を経験することによって、芝居の世界の規律を学んだり、さまざまな役者との出会いなど、貴重な財産になったのである。

ちなみに雪村いづみも、三橋に津軽三味線を習いに来た一人だという。新宿コマ劇場の公演でみごとに弾いていたのを三橋も見たという。

その後も毎年のように新曲を出したが、次第に間隔があくようになっていく。主なものをあげると、五八年に小椋佳作曲の「十六夜だより」と「匠」、六三年に歌謡生活三五周年記念曲「望郷江差」、平成五年に歌謡生活四〇周年記念曲「幻灯《うつしえ》の町」を出している。「幻灯《うつしえ》の町」が最後のシングル盤となった。

平成元年。三橋は、先輩の春日八郎、親友の村田英雄と「三人の会」の活動を開始する。「今まで稼がせてもらったお礼と、低迷する演歌に活を入れるため」というのが活動に至った動機であった。同年九月の新橋演舞場の公演を皮切りに、全国で公演を行うようになる。それも平成三年に春日が亡くなり、二人だけで活動を続けたが、平成七年一〇月二六日に三橋が倒れたため終わらざるをえなかった。

平成三年は、キングレコード創業六〇周年の記念すべき年であった。九月六日には中野サンプラザホールで記念の「歌謡パレード」が催され、三橋をはじめ、多くの専属歌手が参加した。全曲オリジナルで三二〇曲入った二〇枚組の「歌こそ我が生命　三橋美智也大全集」が発売されたのもこの年である。いわば三橋の集大成ともいえる豪華版であった。

晩年は、持病の糖尿病の悪化の影響もあって、声がかすれたり高音が伸びなかったりといった喉のトラブルに見舞われ、声の衰えを隠せなかった。

また、名義貸ししていたホテルやダイヤモンド関連の会社の倒産により、多額の負債を負うなどの経済的なトラブルを起こしたのも晩年であった。

この窮地に手を差し伸べたのが、演歌師のころから三橋に憧れていた北島三郎である。八王子の三橋邸を北島が買い取ったのだ。男気のある北島ならではのいい話である。

三橋と交友があった歌手には北島の他に、春日八郎、村田英雄、美空ひばり、フランク永井、坂本九、斉藤京子などがいる。三橋はひばりの母親に気に入られ、たびたび自宅に遊びに行き、酒を酌み交わしたという。

意外に思われるかもしれないが、ニューミュージック系の井上陽水、南こうせつ、さだまさしなどは、子供のころから三橋のファンだったという。彼らの曲に今では消えつつある日本的情緒を感じるのは、歌謡曲の心がＤＮＡとして受け継がれているからなのかもしれない。

私生活では、亡くなる直前まで啓子夫人との離婚問題でもめていたことを、テレビなどで知っていた方も多いに違いない。ちなみに、離婚が正式に成立したのは、三橋がゴルフ帰りの車の中で意識不明で倒れた一〇月二六日の前日のことであった。

そして、平成八年一月八日。倒れてから一度も意識が戻ることもなく、多臓器不全により三橋は惜しまれつつ息を引き取ったのである。享年六五歳。あまりにも若すぎる死であった。

おわりに

最後に、三橋美智也の主な功績をまとめておきたい。

① ミリオンセラー

古城	三〇〇万枚
星屑の町	二七〇万枚
リンゴ村から	二七〇万枚
哀愁列車	二五〇万枚
達者でナ	二二〇万枚
夕焼とんび	二二〇万枚
おんな船頭唄	二〇〇万枚
母恋吹雪	二〇〇万枚
あの娘が泣いてる波止場	一八〇万枚
一本刀土俵入	一五〇万枚

石狩川悲歌　一五〇万枚
武田節　一五〇万枚
赤い夕陽の故郷　一五〇万枚
お花ちゃん　一五〇万枚
ギター鷗　一五〇万枚
男涙の子守唄　一二〇万枚
岩手の和尚さん　一二〇万枚
おさげと花と地蔵さんと　一一〇万枚
あゝ新撰組　一一〇万枚
おさらば東京　一〇〇万枚
東京五輪音頭　一〇〇万枚

歌謡曲が以上二一曲あり、民謡の「花笠音頭」、「相馬盆歌」「炭坑節」、「黒田節」、「北海盆唄」、「ソーラン節」、「斎太郎節」、「佐渡おけさ」、「木曽節」、「江差追分」、「津軽じょんがら節（寺内タケシと共演）」の計一一曲が一〇〇万枚を超えている。吹き込んだ曲は約千二百曲にも達し、総プレス枚数は一億六〇〇万枚を超えている。これは歌謡界では史上最多の数字である。

ちなみに美空ひばりのミリオンセラーは、次の八曲である。

柔	一八〇万枚
悲しい酒	一四〇万枚
真赤な太陽	一三〇万枚
リンゴ追分	一二〇万枚
川の流れのように	一二〇万枚
港町十三番地	一〇〇万枚
波止場だよお父っあん	一〇〇万枚
東京キッド	一〇〇万枚

他にも「悲しき口笛」「ひばりのマドロスさん」「哀愁出船」「越後獅子の唄」など多数のヒット曲があるが、一〇〇万枚には届いていない。

② 紅白歌合戦の出場

		歌唱曲	対戦相手	
昭和三一年	第　七回	哀愁列車	江利チエミ	
三二年	第　八回	リンゴ花咲く故郷へ	美空ひばり	トリ
三三年	第　九回	おさらば東京	美空ひばり	トリ

三四年	第一〇回	古城	島倉千代子	前半トリ
三五年	第一一回	達者でナ	島倉千代子	大トリ
三六年	第一二回	石狩川悲歌	江利チエミ	前半トリ
三七年	第一三回	星屑の町	島倉千代子	大トリ
三八年	第一四回	流れ星だよ	島倉千代子	前半トリ
三九年	第一五回	また来るよ	江利チエミ	後半トップ
四〇年	第一六回	二本松少年隊	島倉千代子	前半トリ
四九年	第二五回	哀愁列車	小坂明子	
五〇年	第二六回	津軽じょんがら節	山口百恵	
五一年	第二七回	津軽甚句	森昌子	
五二年	第二八回	風の街	南沙織	

曲名の下の歌手名は、対戦相手である。当時は今と違い、紅組と白組が対戦するという色合いが濃かったのだ。それにしても惜しまれるのは、離婚騒動である。これで八年間のブランクが生じたのだから。

昭和三一年から四〇年にかけて三橋以外でトリを取ったのは、三一年の灰田勝彦、三四年の春日八郎、三六年・三八年・三九年の三波春夫、四〇年の橋幸夫であった。

女性歌手はどうか。三二年・三三年・三四年・三八年・三九年・四〇年の美空ひばり、三五年・三六年・三七年の島倉千代子の二人がトリを争ったのである。

余談だが、人気歌手で紅白歌合戦に一度も出場しなかったのは、岡晴夫である。年末年始のスケジュールがいっぱいで出場は不可能だったのである。また、大歌手でありながら一度もトリを取らなかったのが、村田英雄とフランク永井であった。

③ **表彰**

昭和三七年　日本レコード大賞　最優秀歌唱賞

平成　五年　日本レコード大賞　功労賞（民謡生活五〇年、歌謡生活四〇年）

　　八年　勲四等瑞宝章（没後）

④ **カラオケ人気曲**

カラオケで歌われた人気曲のベスト二〇は次の通りである（平成二二年から二五年までの集計結果）。

① 古城　　⑪ 一本刀土俵入

② 哀愁列車　　⑫ 夕焼とんび

③　おんな船頭唄　　⑬　石狩川悲歌
④　リンゴ村から　　⑭　母恋吹雪
⑤　武田節　　⑮　赤い夕陽の故郷
⑥　快傑ハリマオの歌　　⑯　あゝ新撰組
⑦　おさげと花と地蔵さんと　　⑰　ギター鷗
⑧　達者でナ　　⑱　江差恋しや
⑨　あの娘が泣いてる波止場　　⑲　男涙の子守唄
⑩　星屑の町　　⑳　おさらば東京

それでは年次別の年間ベスト一五曲の中で、三橋の曲が何位に入っているかをみてみよう。興味のある方も多いだろう。

三〇年
⑤　おんな船頭唄　⑩　あの娘が泣いてる波止場
三一年
①　哀愁列車　③　リンゴ村から
三二年

⑫　おさげと花と地蔵さんと
三三年
⑧　夕焼とんび　⑫　赤い夕陽の故郷
三四年
①　古城
三五年
⑧　達者でナ
三六年
⑤　武田節

なんと一〇曲もランクインしているのだ。一位が二曲ありベストファイブに五曲入っている。それでは三橋のライバルたちは、どのくらいランクインしているのか。三〇年から四四年までの一五年間をみてみよう。

美空ひばり　フランク永井　春日八郎
三〇年　③別れの一本杉
三一年　⑥公園の手品師　⑨浮草の宿

三一年　①港町十三番地　②夜霧の第二国道
　　　　　　　　　　　　③有楽町で逢いましょう
　　　　　　　　　　　　⑬東京午前三時
三三年　②花笠道中　　　⑤羽田発七時五〇分
　　　　　　　　　　　　⑦こいさんのラブコール
　　　　　　　　　　　　⑨俺は淋しいんだ
　　　　　　　　　　　　⑪西銀座駅前
三四年　　　　　　　　　⑨夜霧に消えたチャコ　⑫あれから十年たったかなァ
三七年　　　　　　　　　②君恋し
三八年　　　　　　　　　⑦霧子のタンゴ　⑧長崎の女
四〇年　⑤柔
四一年　②悲しい酒
四二年　③真赤な太陽

フランク永井は、三一年から三八年にかけて実に一一曲もランクインしている。三三年は四曲入っており、根強い人気がうかがえる。

美空ひばりが三四年から三八年まで一曲も入っていないのは、ちょっと不思議な気がしないでもない。すべてベストファイブに入っているのはさすがであり、昭和二〇年代と亡くなる直前にも、何曲かランクインしている。

春日八郎も何年かずつのブランクはあるものの、息の長い歌手らしく四曲入っている。二九年の「お富さん」もランクインしている。

	石原裕次郎	島倉千代子	三波春夫
三〇年		⑥この世の花	
三一年	⑩狂った果実		⑥チャンチキおけさ
三二年	④錆びたナイフ		⑨雪の渡り鳥
三三年	⑥嵐を呼ぶ男	④からたち日記	
	⑮明日は明日の風が吹く		
三四年			⑦大利根無情
三六年		⑩恋しているんだもん	⑮忠太郎月夜
三七年	①赤いハンカチ		
三八年			⑮東京五輪音頭

四〇年　②二人の世界
四二年　①夜霧よ今夜も有難う

石原裕次郎は、この時期は七曲だが、この後もランクインを続けており、さすがといわざるをえない。一位が三橋と同じ二曲、ベストファイブも四曲ある。

三波春夫は、初期の曲に人気が集中しており、島倉千代子は思ったよりも少ないという印象である。

こうしてみてみると、三〇年代に限っては、三橋とフランクの二人がヒット曲の人気でややリードしていることが分かる。人によっては意外な結果なのかもしれないが、カラオケは嘘をつかないのである。

現在、平成二八年三月に開業を予定している北海道新幹線の新函館北斗駅前の公園に、「三橋美智也生誕の地」記念碑建立の準備が進んでいる。北斗市は三橋の生まれ故郷であり、地元の「みちや会道南支部」が中心になって寄付集めが行われているという。これにより町おこしをしたいとのことであり、三橋ファンにとってはうれしいニュースである。

最後に、訃報が報じられた平成八年一月八日の日刊紙夕刊に掲載された、三橋を良く知る著名人のコメントを引用する。

尊敬する偉大な歌手　歌手・村田英雄（読売新聞）

年齢は私の方が一つ上でしたが、歌の世界では三橋さんの方が先輩で、偉大な歌手として尊敬していました。私が心筋こうそくで昨年八月から二か月間、大阪で入院していた時は、三度も見舞いに来てくれ「これからは弟（三橋さん）の忠告も聞くように」と笑っていました。その言葉が今も耳に残っています。残念で、言葉もありません。

同期の桜が　寂しい　歌手・ペギー葉山（毎日新聞）

同じキングレコードで、「キングのドル箱」と呼ばれた三橋さんの曲は大ヒットばかりで、私たちポピュラー歌手がいくら歌ってもかないませんでした。高い、美しい透明な声で、あいう方はもう出てこないでしょうね。昨年、玉置さん（司会者）のパーティーでお会いした時にふっくらされていたので、「よかったわね」とお声を掛けたら、「とても声が出るようになった。これからまた頑張るよ」と答えられたのがお会いした最後になりました。その声がとても印象的でした。キングの歌手で色紙に寄せ書きをしてお見舞いに病室に持って行っていただいたのですが、同期の桜がまたいなくなって寂しいですね。

のど若かったのに　歌手・二葉百合子（日本経済新聞）

まだまだ活躍してもらいたかったのに残念でなりません。六十五歳で、のどもまだ若かったはず。四十年近い付き合いですが、民謡で鍛えたあの高音がいつ聴いてもよく伸びて、本当に素晴らしかった。また、こぶしも民謡独特のものでファンの方も聴きほれていたのを覚えています。

民謡を大衆のものに　音楽文化研究家・長田暁二（朝日新聞）

戦後すぐの時期に民謡の第一次ブームが起きたが、三橋さんの高くきれいな哀調を帯びた声は、高度成長期にさしかかった日本で、第二次の民謡ブームを築いた。地方の一部の人々が口ずさんでいた民謡を、レコードやショーで披露することによって、再び広く大衆のものにした。三橋さんの歌謡曲も、民謡が土台にある。故郷を離れ、都会に働きにきた人々は、三橋さんの歌で共通の思いを抱くことができたのだ。

美空さんと並ぶ歌手　落語家・立川談志（朝日新聞）

戦後の歌手のなかで、質量ともに女性の美空ひばりと並びうる男性が三橋美智也だったと思います。しかし、早い時期に成功しすぎて、芸に対する欲が乏しかった。事業に手を出しては失敗し、苦労の多い一生を送ってしまいました。もっと自分の歌を大事にしていれば、さん然と輝く座を不動のものにできたのに。でも、そういうもったいないことをした人生だったから、私のような人間とも付き合ってくれたのかもしれませんがね。

あとがき

昭和の時代に「明治は遠くなりにけり」と言われたが、今では早くも「昭和は遠くなりにけり」といった感がある。それほど世の中の移り変わりが激しい時代になっている。

その昭和は、文学、映画、ドラマ、演劇、音楽など様々な分野で大きな文化遺産を数多く残したが、人々の心に未だに生き続けているという意味では、「昭和歌謡」の存在はより大きいのではないだろうか。

誰もが心に残る愛唱歌をいくつか持っているはずである。この頃では特に、戦後の昭和歌謡を愛唱歌にあげる方が多いように思う。〈昭和歌謡黄金時代〉という言葉も、すっかり定着した感がある。

私の場合は、それが三橋美智也の数々のヒット曲であり、同時代を彩った多くの歌手たちの歌なのである。ラジオ、テレビでいつも流れていた歌の数々は、今でも記憶に鮮明に残っている。

三橋美智也が歌謡曲、民謡の世界で大人気を博したのは、昭和三〇年代から四〇年代にかけての、わたしの少年期から青春時代を経て二〇代後半に差し掛かるまでの時代である。本書を手に取っていただいた方も、ちょうど同じような年代の方が多いのではないか。同じ世相を生き抜いてきた方々と一緒に、戦後の昭和歌謡を振り返り懐かしむことができれば、これほどの喜びはない。

特に、三橋美智也はヒット曲があまりにも多く、懐メロ番組で流れる歌は「おんな船頭唄」「哀愁列車」「リンゴ村から」「古城」「達者でナ」「星屑の町」などごく限られたものばかりである。ヒットしたにもかかわらず、今では視聴者の耳に届かず忘れられてしまった歌がたくさんあるのだ。そうした歌の数々を、本書を手掛かりに少しでも思い出していただければ幸いである。

最後に、素人に過ぎないわたしの原稿を丁寧に読んでいただき、適切なご指摘をいただくとともに、出版にこぎつけるまでの労を取っていただきました明徳出版の村田一夫氏、貴重な資料の数々を提供下さいました全国三橋美智也みちや会会長の工藤隆氏、さまざまな貴重なご提案をいただき、出版まで導いて下さいました株式会社アルファベータブックス代表取締役の佐藤英豪氏に改めて深く感謝申し上げます。なお、文中の敬称は略させていただきました。

平成二七年四月吉日

荻野　広

参考文献

ミッチーの人生演歌　三橋美智也　昭和五八年　翼書院
流行歌の秘密　加太こうじ・佃実夫編　昭和四八年　文和書房
歌謡曲ベスト一〇〇〇の研究　鈴木明　昭和五六年　ティビーエス・ブリタニカ
日本流行歌変遷史　菊池清麿　平成二〇年　論創社
昭和の流行歌物語　塩澤実信　平成二三年　展望社
昭和の歌手一〇〇列伝　塩澤実信　平成二六年　北辰堂出版
昭和の歌手一〇〇列伝part2　塩澤実信　平成二六年　北辰堂出版
増補にほんのうた　北中正和　平成一五年　平凡社
昭和歌謡1945~1989　平尾昌晃　平成二五年　廣済堂出版
昭和歌謡黄金時代　五木ひろし　平成二五年　KKベストセラーズ
スキャンダル紅白歌合戦　竹中労　昭和五四年　みき書房
紅白歌合戦の真実　合田道人　平成一六年　幻冬舎
紅白歌合戦と日本人　太田省一　平成二五年　筑摩書房
昭和流行歌スキャンダル　島野功緒　平成二二年　新人物往来社（文庫）
歌謡曲おもしろこぼれ話　長田暁二　平成一四年　社会思想社（文庫）
歌、いとしきものよ　星野哲郎　平成二四年　岩波書店（文庫）
流行歌　西條八十物語　吉川潮　平成二三年　筑摩書房（文庫）

わが人生の歌がたり　昭和の哀歌　五木寛之　平成二三年　角川書店（文庫）
わが人生の歌がたり　昭和の青春　五木寛之　平成二三年　角川書店（文庫）
わが人生の歌がたり　昭和の追憶　五木寛之　平成二四年　角川書店（文庫）
酒は涙か溜息か　佐高信　平成二〇年　角川書店（文庫）
ナベプロ帝国の興亡　軍司貞則　平成　七年　文藝春秋（文庫）
黒い花びら　村松友視　平成一七年　河出書房新社（文庫）
実録小説　神戸芸能社　山平重樹　平成二四年　双葉社（文庫）
酒・タバコ・女そして歌　船村徹　平成　四年　東京新聞出版局
曽根幸明の昭和芸能放浪記　曽根幸明　平成一九年　廣済堂出版
談志絶唱　昭和の歌謡曲　立川談志　平成一八年　大和書房
男が泣ける昭和の歌とメロディ　三田誠広　平成二三年　平凡社
僕らが愛する昭和歌謡　平成　九年　オークラ出版
日本の歌　第1集〜第5集　平成一〇年　野ばら社
日本語のゆくえ　吉本隆明　平成二四年　光文社（文庫）
年表　昭和・平成史　中村正則・森武麿編　平成二四年　岩波書店
暮らしの年表　流行語一〇〇年　講談社編　平成二三年　講談社
三橋美智也大事典　みちや会　平成二一年より制作中（非売品）

その他、ネットのウィキペディア、日刊紙、夕刊紙、雑誌、週刊誌など、多くのメディアのお世話になりました。

三橋美智也シングルレコード発表年表

＊昭和29年のデビュー作「酒の苦さよ」（新相馬ぶし）から始まり、平成5年までの40年に渡る歌手生活でものにした曲は実に1200曲にのぼる。ここでは、シングル盤の歌謡曲発売を、年次でまとめた。本年譜は、『ミッチーの人生演歌』（昭和58年）、「みちや会」、キングレコードからの資料提供にて作成したものです。（荻野広）

〔昭和〕

29年1月　酒の苦さよ（新相馬ぶし）
詞・山崎正　曲・山口俊郎（編曲）

29年5月　瞼のふる里（南部牛方節）
詞・山崎正　曲・山口俊郎（編曲）

29年6月　かっぱ踊り
詞・高橋掬太郎　曲・細川潤一

29年8月　はてなき涙
詞・高橋掬太郎　曲・山口俊郎

29年8月　東京から故郷から
詞・山崎正　曲・山口俊郎

29年12月　角帽浪人
詞・猪又良　曲・渡久地政信

30年3月　おんな船頭唄
詞・藤間哲郎　曲・山口俊郎

30年7月　ご機嫌さんよ達者かね
詞・高野公男　曲・船村徹

30年8月　里恋がらす
詞・横井弘　曲・山口俊郎

30年9月　あゝ新撰組
詞・横井弘　曲・中野忠晴

30年10月　噂のこして
詞・藤間哲郎　曲・山口俊郎

30年10月　二人の朝はきっと来る
詞・横井弘　曲・林伊佐緒

30年11月　島の船唄
詞・矢野亮　曲・渡久地政信
30年11月　君は海鳥渡り鳥
詞・矢野亮　曲・真木陽
30年12月　小島の鷗
詞・高橋掬太郎　曲・吉田矢健治
30年12月　あの娘が泣いてる波止場
詞・高野公男　曲・船村徹
31年1月　船頭追分
詞・東条寿三郎　曲・中野忠晴
31年2月　草枕幾度ぞ
詞・東条寿三郎　曲・山口俊郎
31年3月　御存じ赤城山
詞・矢野亮　曲・中野忠晴
31年4月　男涙の子守唄
詞・高橋掬太郎　曲・細川潤一
31年4月　あゝ田原坂
詞・高橋掬太郎　曲・山口俊郎
31年5月　リンゴ村から
詞・矢野亮　曲・林伊佐緒
31年6月　笹川月夜
詞・山崎正　曲・山口俊郎
31年6月　哀愁列車
詞・横井弘　曲・鎌多俊与
31年6月　玄海船乗り
詞・東条寿三郎　曲・鎌多俊与
31年6月　豊年まつり
詞・服部鋭夫　曲・千田鉦二
31年6月　神戸みなとおどり
詞・大江虹之介　曲・細川潤一
31年8月　泪と侍
詞・伊吹とおる　曲・佐伯としを
31年8月　篭つるべ
詞・高橋掬太郎　曲・飯田三郎
31年8月　さすらいの唄（津軽山唄）
詞・山崎正　曲・山口俊郎（編曲）
31年8月　逢いぞめ笠
詞・高橋掬太郎　曲・飯田三郎

31年9月　縁があったらまた逢おう
詞・矢野亮　曲・船村徹
31年10月　お花ちゃん
詞・矢野亮　曲・吉田矢健治
31年11月　手まり数え唄
詞・東条寿三郎　曲・中野忠晴
31年11月　みれん峠
詞・東条寿三郎　曲・吉田矢健治
31年11月　木曽恋がらす
詞・東条寿三郎　曲・林伊佐緒
31年12月　母恋吹雪
詞・矢野亮　曲・林伊佐緒
31年12月　江差恋しや
詞・高橋掬太郎　曲・飯田三郎
31年12月　あゝ想夫恋
詞・高橋掬太郎　曲・細川潤一
31年12月　おさよ可愛や
詞・東条寿三郎　曲・鎌多俊与
31年12月　旅行く一茶
詞・伊吹とおる　曲・佐伯としを
32年1月　おとこ三味線
詞・山崎正　曲・中野忠晴
32年1月　俺ら炭坑夫
詞・横井弘　曲・鎌多俊与
32年3月　東京見物
詞・伊吹とおる　曲・佐伯としを
32年4月　一本刀土俵入
詞・高橋掬太郎　曲・細川潤一
32年4月　折鶴さんど笠
詞・高橋掬太郎　曲・飯田三郎
32年4月　利根の夕焼
詞・高橋掬太郎　曲・山口俊郎
32年5月　おけさ舟唄
詞・高橋掬太郎　曲・鎌多俊与
32年5月　顔見に来たのさ
詞・矢吹光　曲・真木陽
32年5月　美智也さのさ
詞・藤間哲郎　曲・山口俊郎（編曲）

32年5月　淡海くずし
詞・高橋掬太郎　曲・山口俊郎
32年6月　峠の馬ッコ
詞・高橋掬太郎　曲・山口俊郎
32年6月　みんな輪になって
詞・高橋掬太郎　曲・山口俊郎
32年7月　リンゴ花咲く故郷へ
詞・矢野亮　曲・林伊佐緒
32年8月　別れ笛
詞・横井弘　曲・鎌多俊与
32年8月　果てない航路
詞・横井弘　曲・鎌多俊与
32年8月　僕は郵便やさん
詞・山崎正　曲・飯田三郎
32年9月　おさげと花と地蔵さんと
詞・東条寿三郎　曲・細川潤一
32年9月　三味線渡り鳥
詞・矢野亮　曲・江口夜詩
32年11月　里恋い越後獅子
詞・東条寿三郎　曲・吉田矢健治
32年11月　おさらば東京
詞・横井弘　曲・中野忠晴
32年12月　すってんてん人生
詞・横井弘　曲・江口夜詩
33年1月　ギター鷗
詞・矢野亮　曲・吉田矢健治
33年1月　船は三十石櫓は八丁
詞・東条寿三郎　曲・佐伯としを
33年2月　流転波止場
詞・藤間哲郎　曲・鎌多俊与
33年2月　草笛の丘
詞・高橋掬太郎　曲・飯田三郎
33年3月　夕焼とんび
詞・矢野亮　曲・吉田矢健治
33年4月　民謡酒場
詞・矢野亮　曲・中野忠晴
33年5月　夜霧のデッキ
詞・矢野亮　曲・山口俊郎

33年6月　美智也マドロス
詞・矢野亮　曲・鎌多俊与
33年6月　美智也馬子唄
詞・高橋掬太郎　曲・中野忠晴
33年6月　東京ばやし
詞・高橋掬太郎　曲・細川潤一
33年7月　島の見える峠
詞・矢野亮　曲・林伊佐緒
33年7月　海の騎士
詞・横井弘　曲・佐伯としを
33年7月　札幌音頭
詞・高橋掬太郎　曲・飯田三郎
33年8月　センチメンタルトーキョー
詞・東条寿三郎　曲・佐伯としを
33年8月　幸福さん
詞・服部鋭夫　曲・林伊佐緒
33年9月　月の峠路
詞・東条寿三郎　曲・吉田矢健治
33年9月　重の井子別れ
詞・高橋掬太郎　曲・山口俊郎
33年9月　おしどり新内
詞・高橋掬太郎　曲・佐伯としを
33年10月　東京よいとこ
詞・横井弘　曲・佐伯としを
33年10月　帰る日が楽しみさ
詞・東条寿三郎　曲・佐伯としを
33年10月　赤い夕陽の故郷
詞・横井弘　曲・中野忠晴
33年11月　岩手の和尚さん
詞・矢野亮　曲・吉田矢健治
33年11月　ごろすけほゥ
詞・横井弘　曲・桜田誠一
33年12月　男の旅笠
詞・高橋掬太郎　曲・佐伯としを
34年1月　木枯し子守唄
詞・たなかゆきを　曲・吉田矢健治
34年1月　民謡風呂
詞・横井弘　曲・桜田誠一

34年1月　浪人小唄
詞・東条寿三郎　曲・佐伯としを
34年2月　笛吹峠
詞・高橋掬太郎　曲・桜田誠一
34年3月　風の中の男
詞・横井弘　曲・中野忠晴
34年4月　夢で逢えるさ
詞・矢野亮　曲・佐伯としを
34年4月　夜風に聞いたよ
詞・原由記　曲・鎌多俊与
34年4月　風流弥次喜多ぶし
詞・島津清　曲・山口俊郎
34年4月　やくざ三味線
詞・横井弘　曲・山口俊郎
34年5月　かすりの女と背広の男
詞・黒田すゝむ　曲・吉田矢健治
34年6月　てんまり波止場
詞・たなかゆきを　曲・林伊佐緒
34年6月　道産子音頭
詞・高橋掬太郎　曲・飯田三郎
34年6月　東京タワーをやぐらに代えて
詞・矢野亮　曲・飯田三郎
34年6月　お城音頭
詞・服部鋭夫　曲・飯田三郎
34年6月　関西ロマンス
詞・横井弘　曲・飯田三郎
34年6月　九州よかとこ
詞・山崎正　曲・飯田三郎
34年7月　古城
詞・高橋掬太郎　曲・細川潤一
34年7月　祭り太鼓
詞・横井弘　曲・吉田矢健治
34年8月　ちんから馬子唄
詞・横井弘　曲・佐伯としを
34年8月　俺は機関手
詞・横井弘　曲・桜田誠一
34年9月　たった一人の人でした
詞・高橋掬太郎　曲・中野忠晴

34年9月　壁
詞・横井弘　曲・古屋丈晴
34年9月　俺たちは狙われている
詞・横井弘　曲・古屋丈晴
34年10月　泣くなよしきり
詞・横井弘　曲・林伊佐緒
34年11月　情け無用の男
詞・横井弘　曲・古屋丈晴
34年11月　麦ふみ坊主
詞・横井弘　曲・中野忠晴
34年12月　北海の終列車
詞・高橋掬太郎　曲・中野忠晴
34年12月　東京が泣いている
詞・横井弘　曲・桜田誠一
34年12月　燕が帰る
詞・横井弘　曲・吉田矢健治
34年12月　誰も知らない赤い花
詞・喜志邦三　曲・吉田矢健治
35年1月　迷子のとんびッコ
詞・矢野亮　曲・桜田誠一
35年2月　雪のだるまさん
詞・たなかゆきを　曲・桜田誠一
35年3月　大江戸まつり唄
詞・鈴木比呂志　曲・八洲秀章
35年3月　保津川下り
詞・高橋掬太郎　曲・鎌多俊与
35年4月　あばよ
詞・横井弘　曲・佐伯としを
35年5月　あゝ故郷
詞・高橋掬太郎　曲・吉田矢健治
35年5月　夜のマネキン人形
詞・矢野亮　曲・桜田誠一
35年6月　みかんの故里
詞・矢野亮　曲・林伊佐緒
35年6月　海峡
詞・高橋掬太郎　曲・吉田矢健治
35年6月　船出哀しや
詞・若林幸男　曲・古屋丈晴

35年6月　紅白音頭
詞・高橋掬太郎　曲・細川潤一
35年7月　こけしぼっこ
詞・矢野亮　曲・飯田三郎
35年8月　故郷はどこさ
詞・横井弘　曲・佐伯としを
35年8月　ねずみがチュー
詞・横井弘　曲・佐伯としを
35年8月　城ヶ島慕情
詞・矢野亮　曲・中野忠晴
35年9月　あゝ大阪城
詞・高橋掬太郎　曲・細川潤一
35年9月　白菊の唄
詞・たなかゆきを　曲・山口俊郎
35年9月　兄ちゃん案山子
詞・山口やすを　曲・吉田矢健治
35年10月　恋の八丈太鼓
詞・矢野亮　曲・中野忠晴
35年10月　達者でナ
詞・横井弘　曲・中野忠晴
35年11月　恋慕舟唄
詞・矢野亮　曲・鎌多俊与
35年12月　津軽追分
詞・矢野亮　曲・桜田誠一
35年12月　また来るぜ東京
詞・矢野亮　曲・桜田誠一
36年1月　恋の一刀流
詞・矢野亮　曲・中野忠晴
36年2月　さすらい流し
詞・矢野亮　曲・古屋丈晴
36年2月　センチメンタル・ガイ
詞・横井弘　曲・佐伯としを
36年2月　銀座デキシー
詞・たなかゆきを　曲・古屋丈晴
36年4月　雨の九段坂
詞・矢野亮　曲・佐伯としを
36年4月　花の八幡船
詞・藤間哲郎　曲・桜田誠一

36年4月　富士の雲笠踊り
　　詞・沢登初義　曲・古屋丈晴
36年5月　岸壁の男
　　詞・横井弘　曲・中野忠晴
36年5月　武田節
　　詞・米山愛紫　曲・明本京静
36年6月　北から南から（上）A面が（上）、B面が（下）
　　詞・高橋掬太郎　曲・飯田三郎
36年6月　北海道函館本線
　　詞・藤間哲郎　曲・桜田誠一
36年7月　美智也子守唄
　　詞・藤間哲郎　曲・山口俊郎
36年7月　アヤヤ・アパパ
　　詞・藤間哲郎　曲・桜田誠一
36年7月　美智也ばやし
　　詞・藤間哲郎　曲・古屋丈晴
36年8月　あゝ城山
　　詞・高橋掬太郎　曲・細川潤一
36年8月　館林新調
　　詞・矢野亮　曲・佐伯としを
36年8月　じゃんがら囃子
　　詞・東条寿三郎　曲・山口俊郎
36年8月　旅情小唄
　　詞・横井弘　曲・飯田三郎
36年8月　懐しの高原
　　詞・横井弘　曲・佐伯としを
36年9月　津軽恋しや
　　詞・横井弘　曲・桜田誠一
36年10月　啄木旅愁
　　詞・高橋掬太郎　曲・佐藤長助
36年10月　山は百万石
　　詞・藤間哲郎　曲・桜田誠一
36年11月　石狩川悲歌
　　詞・高橋掬太郎　曲・江口浩司
36年11月　島のあんこさん
　　詞・矢野亮　曲・林伊佐緒
36年12月　赤い林檎ッコ
　　詞・藤間哲郎　曲・桜田誠一

36年12月　さいはての岬町
詞・矢野亮　曲・中野忠晴
37年1月　通りゃんせ小路
詞・矢野亮　曲・小町昭
37年2月　シベリアの母
詞・矢野亮　曲・林伊佐緒
37年2月　〝根っ子は歌う〟日本人
詞・藤間哲郎　曲・桜田誠一
37年2月　男の恋唄
詞・横井弘　曲・古屋丈晴
37年3月　津軽の三男坊
詞・藤間哲郎　曲・桜田誠一
37年4月　ノサップの風
詞・木下竜太郎　曲・佐伯としを
37年4月　日本音頭
詞・サトウハチロー　曲・林伊佐緒
37年5月　星屑の町
詞・東条寿三郎　曲・安部芳明
37年6月　つばくろやくざ
詞・たなかゆきを　曲・桜田誠一
37年6月　新選組の歌
詞・牧房雄　曲・舟越隆司
37年6月　美智也数え唄
詞・藤間哲郎　曲・桜田誠一
37年6月　てもても音頭
詞・サトウハチロー　曲・細川潤一
37年7月　東京はふるさと
詞・横井弘　曲・佐伯としを
37年7月　別れ峠
詞・高橋掬太郎　曲・吉田矢健治
37年7月　美智也都々逸
詞・藤間哲郎　曲・山口俊郎（編曲）
37年7月　梅は咲いたか
詞・たなかゆきを　曲・山口俊郎（編曲）
37年8月　さすらい列車
詞・横井弘　曲・桜田誠一
37年8月　道産子だい
詞・藤間哲郎　曲・桜田誠一

37年8月　舞扇花柳流
詞・藤間哲郎　曲・桜田誠一
37年8月　ことぶき音頭
詞・藤間哲郎　曲・藤本秀夫
37年8月　歌ひとすじに
詞・高橋掬太郎　曲・細川潤一
37年8月　さすらい小唄
詞・藤間哲郎　曲・細川潤一
37年8月　乃木将軍の歌
詞・高木勉　曲・細川潤一
37年9月　あゝ日蓮
詞・藤間哲郎　曲・桜田誠一
37年10月　君よいずこ
詞・東条寿三郎　曲・佐伯としを
37年11月　マドロス稼業はやめられぬ
詞・矢野亮　曲・川上英一
37年11月　船路は暮れて
詞・東条寿三郎　曲・佐伯としを
37年12月　流れ星だよ
詞・矢野亮　曲・前田伸一
37年12月　人生の水たまり
詞・矢野亮　曲・佐伯としを
37年12月　新十三の砂山
詞・日本民謡　曲・木下忠司
38年1月　ソーラン唄便り
詞・藤間哲郎　曲・桜田誠一
38年1月　みかん船だよ
詞・藤間哲郎　曲・桜田誠一
38年1月　大番
詞・夢虹二　曲・桜田誠一
38年1月　さいはての月
詞・横井弘　曲・中野忠晴
38年2月　旅路
詞・藤間哲郎　曲・石井由希夫
38年2月　海峡鷗
詞・高橋掬太郎　曲・安部芳明
38年2月　こけしの故里
詞・矢野亮　曲・吉田矢健治

38年2月　いろり火物語
詞・矢野亮　曲・吉田矢健治

38年2月　徳川家康（啼くまで待とう時鳥）
詞・高橋掬太郎　曲・山本丈晴

38年2月　徳川家康（家康の生涯）
詞・高橋掬太郎　曲・佐伯としを

38年4月　花ッコ追分
詞・藤間哲郎　曲・桜田誠一

38年4月　はてなき旅路
詞・東条寿三郎　曲・江口浩司

38年4月　いつでもおかあさんはおかあさん
詞・サトウハチロー　曲・安部芳明

38年4月　涙の花嫁船
詞・矢野亮　曲・吉田矢健治

38年5月　あゝこの街に雨が降る
詞・矢野亮　曲・佐伯としを

38年5月　椿大島
詞・高橋掬太郎　曲・中野忠晴

38年6月　あゝ太平洋
詞・高橋掬太郎　曲・山本丈晴

38年6月　いって来るぜ
詞・山北由希夫　曲・川上英一

38年6月　梅川忠兵衛
詞・藤間哲郎　曲・細川潤一

38年7月　メノコ恋唄
詞・東条寿三郎　曲・安部芳明

38年7月　泣きたい岬
詞・永井ひろし　曲・桜田誠一

38年9月　明治一代男
詞・高橋掬太郎　曲・細川潤一

38年9月　天竜やくざ
詞・藤間哲郎　曲・桜田誠一

38年9月　俺らつらいなァ
詞・矢野亮　曲・塩谷純一

38年9月　流転の唄
詞・矢野亮　曲・水上昇

38年10月　でかいこの夢
詞・横井弘　曲・桜田誠一

38年10月　じょんがら便り
詞・横井弘　曲・中野忠晴
38年11月　流れ三味線
詞・矢野亮　曲・山口俊郎
38年11月　荒磯の娘
詞・高橋掬太郎　曲・飯田三郎
39年1月　ひとすじの道
詞・藤間哲郎　曲・山口俊郎
39年1月　りんごの故里
詞・矢野亮　曲・三橋美智也
39年1月　生きる喜び
詞・横井弘　曲・中野忠晴
39年1月　愛の歌
詞・横井弘　曲・中野忠晴
39年2月　男の舞扇
詞・服部鋭夫　曲・吉田矢健治
39年2月　若い生命
詞・高橋掬太郎　曲・細川潤一
39年3月　母恋だより
詞・矢野亮　曲・佐伯としを
39年3月　天草慕情
詞・たなかゆきを　曲・塩谷純一
39年4月　東京五輪音頭
詞・宮田隆　曲・古賀政男
39年5月　俺らの街が目をさます
詞・矢野亮　曲・中田喜直
39年5月　美智也船唄
詞・矢野亮　曲・飯田三郎
39年5月　あゝ新戦場
詞・高橋掬太郎　曲・佐藤長助
39年5月　あゝ大陸
詞・高橋掬太郎　曲・佐藤長助
39年6月　星と歩こう
詞・藤間哲郎　曲・西脇稔和
39年6月　離れるもんか故郷を
詞・矢野亮　曲・林伊佐緒
39年8月　夜のブランコ
詞・原由紀　曲・中島孝

39年8月　アコとギターと裏町と
詞・矢野亮　曲・白石十四男

39年9月　信濃川悲歌
詞・高橋掬太郎　曲・江口浩司

39年9月　また来るよ
詞・藤間哲郎　曲・佐伯としを

39年10月　さらば雪国
詞・横井弘　曲・佐伯としを

39年10月　リンゴ便り
詞・藤間哲郎　曲・吉田矢健治

39年11月　青空のブルース
詞・東条寿三郎　曲・安部芳明

39年11月　誰もいない渚
詞・矢野亮　曲・吉田矢健治

40年2月　今夜も星がいっぱいだ
詞・東条寿三郎　曲・吉田矢健治

40年2月　恋人よごきげんよう
詞・横井弘　曲・佐伯としを

40年3月　あの人は遠い人
詞・藤間哲郎　曲・桜田誠一

40年3月　いのちの恋を捨てたんだ
詞・藤間哲郎　曲・桜田誠一

40年4月　酔って候
詞・横井弘　曲・中野忠晴

40年5月　山がある川がある
詞・矢野亮　曲・白石十四男

40年5月　帰っておいでよ
詞・たなかゆきを　曲・吉田矢健治

40年6月　祭り獅子
詞・高橋掬太郎　曲・細川潤一

40年6月　若衆ざくら
詞・高橋掬太郎　曲・吉田矢健治

40年7月　大漁太鼓
詞・高橋掬太郎　曲・塩谷純一

40年7月　東京はさよならの町
詞・横井弘　曲・安部芳明

40年8月　話をしようよ眠るまで
詞・藤田敏雄　曲・いずみたく

40年8月　ふたり船唄
詞・東条寿三郎　曲・北村順則
40年9月　二本松少年隊
詞・高橋掬太郎　曲・細川潤一
40年9月　あゝ源氏武士
詞・高橋掬太郎　曲・山本丈晴
40年10月　美智也ぶし
詞・矢野亮　曲・白石十四男
40年12月　女形髷
詞・高橋掬太郎　曲・佐伯としを
40年12月　名残り酒
詞・たなかゆきを　曲・藤本秀夫
41年1月　源義経
詞・たなかゆきを　曲・細川潤一
41年3月　あゝさすらい
詞・高橋掬太郎　曲・不詳
41年3月　信濃の夕月
詞・高橋掬太郎　曲・細川潤一
41年4月　恋とさむらい
詞・鈴木重俊　曲・佐伯としを
41年4月　美智也投げ節
詞・たなかゆきを　曲・清水ひでを
41年4月　日本よい国
詞・高橋掬太郎　曲・佐伯としを
41年5月　泣くな東京
詞・矢野亮　曲・沖津謙二
41年5月　俺は淋しいひとり者
詞・東条寿三郎　曲・安部芳明
41年6月　旅の風車
詞・横井弘　曲・中野忠晴
41年6月　おやすみ東京
詞・東条寿三郎　曲・安部芳明
41年7月　緋牡丹仁義
詞・横井弘　曲・白石十四男
41年7月　任侠街道
詞・横井弘　曲・白石十四男
41年8月　ふるさとの笛
詞・高橋掬太郎　曲・川上英一

41年8月　花の人生
詞・たなかゆきを　曲・吉田矢健治
41年9月　東京ってそんなにいいとこか
詞・矢野亮　曲・吉田矢健治
41年9月　なみだ橋
詞・藤間哲郎　曲・山口俊郎
41年10月　一本杉は男杉
詞・司太可志　曲・佐伯としを
41年10月　斎太郎しぶき
詞・梅本謙一　曲・加藤愛樹
42年1月　浜木綿の花咲けば
詞・武山きい　曲・川上英一
42年1月　哀愁峠
詞・横井弘　曲・細川潤一
42年3月　博多の月
詞・高橋掬太郎　曲・山口俊郎
42年3月　おけさ慕情
詞・高橋掬太郎　曲・細川潤一
42年4月　堀のある町
詞・横井弘　曲・桜田せい一
42年4月　十和田哀歌
詞・木下竜太郎　曲・江口浩司
42年5月　東京の鳩
詞・横井弘　曲・中野忠晴
42年5月　あんずっこ
詞・横井弘　曲・中野忠晴
42年5月　東京百年音頭
詞・藤間哲郎　曲・滕本琇丈
42年9月　わがこころ
詞・川内康範　曲・三佳令二
42年9月　あばれ凧
詞・川内康範　曲・白石十四男
42年12月　夕陽の旅路
詞・矢野亮　曲・細川潤一
42年12月　冬の宿
詞・たなかゆきを　曲・飯田三郎
43年2月　黒潮の男
詞・高橋掬太郎　曲・西脇稔和

43年2月　雪国
詞・高橋掬太郎　曲・江口浩司
43年5月　星のこだま
詞・横井弘　曲・小川寛興
43年5月　大街道の女
詞・山北由希夫　曲・吉田矢健治
43年8月　城山
詞・森繁久弥・たなかゆきを（補）
曲・細川潤一
43年8月　じょんがら慕情
詞・藤間哲郎　曲・白石十四男
43年11月　男の出船
詞・飯塚義美・矢の雄介（補）
曲・小町昭
43年11月　はぐれ念仏
詞・寺内大吉　曲・江口浩司
44年3月　白鳥の恋
詞・東條寿三郎　曲・川上英一
44年3月　夕陽の海峡
詞・藤間哲郎　曲・中野忠晴
44年6月　哀愁平野
詞・永井ひろし　曲・柴田良一
44年6月　ネオンに降る雨
詞・矢野亮　曲・藤本卓也
44年9月　機関車物語
詞・永井ひろし　曲・佐伯としを
44年9月　おふくろ
詞・永井ひろし　曲・小松美穂
44年12月　鳴門海峡
詞・木下竜太郎　曲・猪俣公章
44年12月　大阿蘇慕情
詞・藤間哲郎　曲・白石十四男
45年3月　君呼ぶ街
詞・矢野亮　曲・高山信義
45年3月　蝶々とかかし
詞・永井ひろし　曲・中野忠晴
45年4月　日の本音頭
詞・たなかゆきを　曲・細川潤一

45年6月　泣かないで帰えろ
詞・木下龍太郎　曲・吉田矢健治

45年12月　さけ・うた・おんな
詞・永井ひろし　曲・宮川としを

45年12月　涙そこどけ演歌が通る
詞・森山としはる　曲・川上英一

46年5月　ありがとう思い出
詞・矢野亮　曲・吉田矢健治

46年5月　白い貝がら
詞・たなかゆきを　曲・川上英一

46年6月　ニコニコ音頭
詞・たなかゆきを　曲・林伊佐緒

46年6月　やっさもっさ音頭
詞・夢虹二　曲・西脇功

47年1月　古都の雨
詞・たなかゆきを　曲・林伊佐緒

47年1月　雪国に雪の降る頃
詞・木下龍太郎　曲・小川寛興

47年2月　新府城
詞・沢登初義　曲・明本京静

47年2月　武田二十四将
詞・沢登初義　曲・古谷宏

47年5月　ちょっとお話しませんか
詞・山川啓介　曲・北沢美智也

47年5月　旅人の子守唄
詞・山川啓介　曲・北沢美智也

47年10月　旅情・十三の砂山
詞・藤間哲郎　曲・山口俊郎

47年10月　ふるさとの四季
詞・木下龍太郎　曲・山口俊郎

47年11月　水上夜曲
詞・徳井勇　曲・細川潤一

48年3月　お国めぐり音頭
詞・木下龍太郎　曲・白石十四男

48年3月　花の奇兵隊
詞・草野桂五　曲・吉田矢健治

48年3月　あゝ高嶋城（諏訪の浮城）
詞・池田一馬　曲・池田一馬

48年4月　サイパン小唄
詞・加藤日出男　曲・三橋美智也
48年4月　急行をすてて各駅にのりかえると
詞・加藤日出男　曲・三橋美智也
48年10月　トレビノ小唄
詞・いしいたもつ　曲・玉木宏樹
48年10月　ナインホールラグ
詞・いしいたもつ　曲・玉木宏樹
48年10月　悲しみ河岸
詞・杉紀彦　曲・小室等
48年10月　恋放浪
詞・杉紀彦　曲・小室等
49年5月　京都が泣いている
詞・横井弘　曲・平尾昌晃
49年5月　恋みれん
詞・横井弘　曲・平尾昌晃
49年7月　海洋博ユンタ
詞・横井弘　曲・遠藤実
49年7月　男勝海舟
詞・岩瀬ひろし　曲・細川潤一
49年7月　寺田屋お登勢
詞・木下龍太郎　曲・川上英一
50年3月　あゝ金沢城
詞・山崎桂花　曲・馬場花子・白石十四男（補・詞曲）
50年3月　百万石の町
詞・横井弘　曲・白石十四男
50年7月　大勧進帳
詞・神長瞭月　曲・神長瞭月
50年7月　ああ関ヶ原
詞・神長瞭月　曲・神長瞭月
50年8月　郷愁
詞・横井弘　曲・平尾昌晃
50年8月　鵜の浜小唄
詞・縄克一・志摩美之（補）　曲・平尾昌晃
51年4月　坂東節
詞・横井弘　曲・吉田矢健治

51年4月　恋あらし
詞・横井弘　曲・吉田矢健治
51年4月　越中音頭
詞・泰晃平　曲・桜田誠一
51年4月　新埼玉盆唄
詞・青木三郎　曲・白石十四男
51年6月　仲良しシャンシャン
詞・曲・日赤100年音頭制作グループ
51年6月　佐野音頭
詞・木下龍太郎　曲・吉田矢健治
51年8月　あんたの背中
詞・福田一三　曲・川口真
51年8月　リンゴがお酒になるように
詞・島田幸一　曲・川口真
51年10月　東村山音頭
詞・土屋忠司　曲・細川潤一
51年10月　島の子守唄
詞・横井弘　曲・白石十四男

52年2月　人生音頭
詞・安藤康正　曲・渋谷みのる
52年3月　ごくらく音頭
詞・横井弘　曲・細川潤一
52年9月　風の街
詞・吉田健美　曲・三橋美智也
52年9月　北緯四十五度の町
詞・吉田健美　曲・三橋美智也
53年2月　ふるさと太鼓
詞・五大祐介　曲・細川潤一
53年3月　瞼の中に故里が
詞・矢野亮　曲・徳久広司
53年3月　花恋し人恋し親恋し
詞・藤間哲郎　曲・弦哲也
53年6月　重忠節
詞・畑やわら　曲・細川潤一
53年9月　さすらい船
詞・横井弘　曲・船村徹
53年9月　ど根性船唄

54年1月　詞・横井弘　曲・船村徹
54年1月　ザ・トンビ（夕焼とんび）
詞・矢野亮　曲・吉田矢健治
55年3月　バイ・バイ・ホース（達者でナ）
詞・横井弘　曲・中野忠晴
55年3月　影
詞・横井弘　曲・林伊佐緒
55年7月　もがり笛の子守唄
詞・たなかゆきを　曲・三橋美智也
55年7月　父子星
詞・横井弘　曲・細川潤一
56年8月　哀唱琴の湖
詞・東次郎　曲・桜田誠一
56年8月　信濃路音頭
詞・宮川博美　曲・緑川敦夫
56年9月　御牧高原旅情
詞・宮川博美　曲・緑川敦夫
湯の町さのさ
詞・たなかゆきを　曲・林伊佐緒

57年3月　津軽涙唄
詞・矢野亮　曲・船村徹
57年3月　北の別れ唄
詞・横井弘　曲・船村徹
57年4月　いいじゃありませんか
詞・望田市郎　曲・川口真
57年4月　みんな達者でね
詞・望田市郎　曲・川口真
57年11月　越後絶唱
詞・横井弘　曲・桜田誠一
57年11月　冬の花火
詞・横井弘　曲・鎌多俊与
58年12月　十六夜だより
詞・小椋佳　曲・小椋佳
58年12月　匠（たくみ）
詞・星野哲郎　曲・小椋佳
58年12月　秋風川中島
詞・山添花秋　曲・七里洋之
58年12月　霧笛

詞・横井弘　曲・鎌多俊与
59年5月　I'm A 北海道 MAN
詞・荒木とよひさ　曲・かまやつひろし
60年6月　筑波しぐれ
詞・藤間哲郎　曲・清水ひでお
60年6月　涙はおあずけ
詞・藤間哲郎　曲・菅野丈夫
61年4月　あゝ高杉晋作
詞・山添花秋　曲・吉田矢健治
61年4月　名将伊達政宗
詞・たなかゆきを　曲・山田年秋
61年11月　千曲川旅情
詞・たなかゆきを　曲・江口浩司
61年11月　臼田ばやし
詞・佐々木都、たなかゆきを
曲・江口浩司
63年1月　忠節白虎隊
詞・たなかゆきを　補作詞・渡辺千日
曲・白石十四男

63年3月　望郷江差
詞・里村龍一　曲・聖川湧
63年3月　冬峠
詞・里村龍一　曲・聖川湧
〔平成〕
2年11月　いいもんだな故郷は
詞・高橋治朗　曲・川口真
3年2月　雪小僧
詞・横井弘　曲・林伊佐緒
3年2月　紅の櫛
詞・横井弘　曲・林伊佐緒
3年8月　ゴエモン町を行く
詞・曲　コナミ矩形波倶楽部
5年5月　幻灯の町
詞・横井弘　曲・江口浩司
5年5月　潮路
詞・横井弘　曲・三橋美智也

●三人の会（春日八郎、三橋美智也、村田英雄）

平成13年6月27日発売　哀愁（詞・村田英雄　曲・三橋美智也）東芝EMI
平成13年6月27日発売　男のふるさと（詞・村田英雄　曲・春日八郎）キング
●年表等に記載なし

※タイトルの表記は、発表当時のものを使用した。
※発売は、本文中の発売月と異なる場合があるが、本文中ではなるべく実際に発売された月を表示した。
※名前の変遷について
東条寿三郎→東條寿三郎（44年「白鳥の恋」から変更）
古屋丈晴→山本丈晴（38年「徳川家康」から変更）
塩谷潤一→前田伸一（前田伸一は「流れ星だよ」だけで使用）
桜田誠一→桜田せい一（「堀のある町」で使用、その後一時櫻田誠一に変えたり、よく分からない）
木下竜太郎→木下龍太郎（45年「泣かないで帰ろ」から変更）

著者紹介

荻野　広（おぎの・ひろし）

昭和23年１月18日　千葉県市川市生まれ
45年３月　東洋大学経済学部経済学科卒業
45年４月　永代信用組合入組
52年12月　同組合退職
53年３月　財団法人　下請企業振興協会（現・東京都中小企業振興公社）入社
・下請取引紹介事業、下請法普及事業
異業種グループ育成事業、設備貸与事業、情報化事業等に従事
・平成七年　課長昇進
・中小企業大学校等で下請法、融資制度等について講師を勤める
平成20年３月　同公社定年退職
20年４月　同公社再雇用
22年３月　同公社再雇用終了
現在、大衆文化について研究。三橋美智也研究家。

三橋美智也
戦後歌謡に見る昭和の世相

第１刷発行　2015年５月25日

著　者●荻野　広
発行人●佐藤英豪
発行所●株式会社アルファベータブックス

〒102-0071　東京都千代田区飯田橋2-14-5 定谷ビル2F
電話　03-3239-1850　Fax 03-3239-1851　E-mail:alpha-beta@ab-books.co.jp

印刷製本●株式会社エーヴィスシステムズ
組版●具羅夢
装幀●三浦樹人
イラスト●木村信子

定価はダストジャケットに表示してあります。

ISBN978-4-86598-001-1 C0023